William Shakespeare
(1564-1616)

William Shakespeare nasceu e morreu em Stratford, Inglaterra. Poeta e dramaturgo, é considerado um dos mais importantes autores de todos os tempos. Filho de um rico comerciante, desde cedo Shakespeare escrevia poemas. Mais tarde associou-se ao Globe Theatre, onde conheceu a plenitude da glória e do sucesso financeiro. Depois de alcançar o triunfo e a fama, retirou-se para uma luxuosa propriedade em sua cidade natal, onde morreu. Deixou um acervo impressionante, do qual destacam-se clássicos como *Romeu e Julieta, Hamlet, A megera domada, O rei Lear*, *Macbeth, Otelo, Sonho de uma noite de verão, A tempestade, Ricardo III, Júlio César, Muito barulho por nada,* etc.

Livros do autor na Coleção **L&PM** POCKET:

As alegres matronas de Windsor – Trad. de Millôr Fernandes
Antônio & Cleópatra – Trad. de Beatriz Viégas-Faria
Bem está o que bem acaba – Trad. de Beatriz Viégas-Faria
A comédia dos erros – Trad. de Beatriz Viégas-Faria
Como gostais / Conto de inverno – Trad. de Beatriz Viégas-Faria
Hamlet – Trad. de Millôr Fernandes
Henrique V – Trad. de Beatriz Viégas-Faria
Júlio César – Trad. de Beatriz Viégas-Faria
Macbeth – Trad. de Beatriz Viégas-Faria
A megera domada – Trad. de Millôr Fernandes
O mercador de Veneza – Trad. de Beatriz Viégas-Faria
Muito barulho por nada – Trad. de Beatriz Viégas-Faria
Noite de Reis – Trad. de Beatriz Viégas-Faria
Otelo – Trad. de Beatriz Viégas-Faria
O rei Lear – Trad. de Millôr Fernandes
Ricardo III – Trad. de Beatriz Viégas-Faria
Romeu e Julieta – Trad. de Beatriz Viégas-Faria
Shakespeare de A a Z (Livro das citações) – Org. de Sergio Faraco
Sonho de uma noite de verão – Trad. de Beatriz Viégas-Faria
A tempestade – Trad. de Beatriz Viégas-Faria
Tito Andrônico – Trad. de Beatriz Viégas-Faria
Trabalhos de amor perdidos – Trad. de Beatriz Viégas-Faria

Leia também na Coleção **L&PM** POCKET:

Shakespeare – Claude Mourthé (Série Biografias)

Tradução de Millôr Fernandes

William Shakespeare

HAMLET

www.lpm.com.br
L&PM POCKET

Coleção **L&PM** POCKET, vol. 4

Texto de acordo com a nova ortografia.

Primeira edição na Coleção **L&PM** POCKET: fevereiro de 1997
Esta reimpressão: 2016

Tradução: Millôr Fernandes
Capa: Ivan Pinheiro Machado sobre obra de Delacroix (1798-1863), *Hamlet e Horácio no cemitério* (Paris, Louvre).
Revisão: Renato Deitos e Ruiz Renato Faillace

ISBN 978-85-254-0611-8

S52h

Shakespeare, William, 1564-1616.
Hamlet / William Shakespeare; tradução de Millôr Fernandes.
Porto Alegre: L&PM, 2016.
144 p.; 18 cm. – (Coleção L&PM POCKET; v. 4)

1. Teatro inglês-Tragédias. I.Título. II. Série.

CDD 822.33S7-8
CDU 820 Shak..03

Catalogação elaborada por Isabel A. Merlo, CRB 10/329

Rua Comendador Coruja, 326 – Floresta – 90.220-180
Porto Alegre – RS – Brasil / Fone: 51.3225.5777 – Fax: 51.3221.5380

Pedidos & Depto. Comercial: vendas@lpm.com.br
Fale conosco: info@lpm.com.br
www.lpm.com.br

Impresso no Brasil
2016

WILLIAM SHAKESPEARE
(1564-1616)

William Shakespeare nasceu em Stratford-upon-Avon, Inglaterra, em 23 de abril de 1564, filho de John Shakespeare e Mary Arden. John Shakespeare era um rico comerciante, além de ter ocupado vários cargos da administração da cidade. Mary Arden era oriunda de uma próspera família. Pouco se sabe da infância e da juventude de Shakespeare, mas imagina-se que tenha frequentado a escola primária King Edward VI, onde teria aprendido latim e literatura. Em dezembro de 1582, Shakespeare casou-se com Anne Hathaway, filha de um fazendeiro das redondezas. Tiveram três filhos.

A partir de 1552, os dados biográficos são mais abundantes. Em março, estreou no Rose Theatre de Londres uma peça chamada *Harry the Sixth*, de muito sucesso, que foi provavelmente a primeira parte de *Henry VI*. Em 1593, Shakespeare publicou seu poema *Venus and Adonis* e, no ano seguinte, o poema *The Rape of Lucrece*. Acredita-se que, nessa época, Shakespeare já era um dramaturgo (e um ator, já que os dramaturgos na sua maior parte também participavam da encenação de suas peças) de sucesso. Em 1594, após um período de poucas montagens em Londres, devido à peste, Shakespeare juntou-se à trupe de Lord Chamberlain. Os dois mais célebres dramaturgos do período, Christopher Marlowe (1564-1593) e Thomas Kyd (1558-1594), respectivamente autores de *Tamburlaine, the Jew of Malta* (*Tamburlaine, o judeu de Malta*) e *Spanish Tragedy* (*Tragédia espanhola*), morreram por esta época, e Shakespeare encontrava-se pela primeira vez sem rival.

Os teatros de madeira elisabetanos eram construções simples, a céu aberto, com um palco que se projetava à frente, em volta do qual se punha a plateia, de pé. Ao fundo, havia duas portas, pelas quais atores entravam e saíam. Acima, uma sacada, que era usada quando tornava-se necessário mostrar uma cena que se passasse em uma ambientação secundária. Não havia cenário, o que abria toda uma gama de versáteis possibilidades, já que, sem cortina, a peça começava quando entrava o primeiro ator e terminava à saída do último, e simples objetos e peças de vestuário desempenhavam importantes funções para localizar a história. As ações se passavam muito rápido. Devido à proximidade com o público, trejeitos e expressões dos atores (todos homens) podiam ser facilmente apreciados. As companhias teatrais eram formadas por dez a quinze membros e funcionavam como cooperativas: todos recebiam participações nos lucros. Escrevia-se, portanto, tendo em mente cada integrante da companhia.

Em 1594, Shakespeare já havia escrito as três partes de *Henry VI, Richard III, Titus Andronicus, The Two Gentleman of Verona* (*Dois cavalheiros de Verona*), *Love's Labour's Lost* (*Trabalhos de amor perdidos*), *The Comedy of Errors* (*A comédia dos erros*) e *The Taming of the Shrew* (*A megera domada*). Em 1596, morreu o único filho homem de Shakespeare, Hamnet. Logo em seguida, ele escreveu a primeira das suas peças mais famosas, *Romeo and Juliet*, à qual seguiram-se *A Midsummer's Night Dream* (*Sonho de uma noite de verão*), *Richard II* e *The Merchant of Venice* (*O mercador de Veneza*). *Henry IV*, na qual aparece Falstaff, seu mais famoso personagem cômico, foi escrita entre 1597-1598. No Natal de 1598, a companhia construiu uma nova casa de espetáculos na margem sul do Tâmisa. Os custos foram divididos pelos diretores da companhia, entre os quais Shakespeare, que provavelmente já tinha alguma fortuna. Nascia o Globe Theatre. Também é de 1598 o reconhecimento de Shakespeare como o mais importante dramaturgo de língua inglesa: suas peças, além de atraírem milhares de espectadores para os teatros de madeira, eram impressas e vendidas sob a forma de livro – às vezes até mesmo pirateados. Seguiram-se *Henry V*, *As You Like It* (*Como gostais*), *Jules Cesar* – a primeira das suas tragédias da maturidade –, *Troilus and Cressida*, *The Merry Wives of Windsor* (*As alegres matronas de Windsor*), *Hamlet* e *Twelfth Night* (*Noite de Reis*). Shakespeare escreveu a maior parte dos papéis principais de suas tragédias para Richard Burbage, sócio e ator, que primeiro se destacou com *Richard III*.

Em março de 1603, morreu a rainha Elisabeth. A companhia havia encenado diversas peças para ela, mas seu sucessor, o rei James, contratou-a em caráter permanente, e ela tornou-se conhecida como King's Men – Homens do Rei. Eles encenaram diversas vezes na corte e prosperaram financeiramente. Seguiram-se *All's Well that Ends Well* (*Bem está o que bem acaba*) e *Measure for Measure* (*Medida por medida*) – suas comédias mais sombrias –, *Othello*, *Macbeth*, *King Lear*, *Anthony and Cleopatra* e *Coriolanus*. A partir de 1601, Shakespeare escreveu menos. Em 1608, a King's Men comprou uma segunda casa de espetáculos, um teatro privado e fechado em Blackfriars. Nesses teatros privados, as peças eram encenadas em ambientes fechados, o ingresso custava mais do que nas casas públicas de espetáculos, e o público, consequentemente, era mais seleto. Parece ter sido nessa época que Shakespeare aposentou-se dos palcos: seu nome não aparece nas listas de atores a partir de 1607. Voltou a viver em Stratford, onde era considerado um dos mais ilustres cidadãos. Escreveu então quatro tragicomédias, subgênero que começava a ganhar espaço: *Péricles*, *Cymbeline*, *The Winter's Tale* (*Conto de inverno*) e *The Tempest* (*A tempestade*), sendo que esta última foi encenada na corte em 1611. Shakespeare morreu em Stratford em 23 de abril de 1616. Foi enterrado na parte da igreja reservada ao clero. Escreveu ao todo 38 peças, 154 sonetos e uma variedade de outros poemas. Suas peças destacam-se pela grandeza poética da linguagem, pela profundidade filosófica e pela complexa caracterização dos personagens. É considerado unanimemente um dos mais importantes autores de todos os tempos.

HAMLET

Personagens

Cláudio – Rei da Dinamarca
Hamlet – Filho do falecido rei, sobrinho do atual rei
Polônio – Lord camarista
Horácio – Amigo de Hamlet
Laertes – Filho de Polônio
Voltimando – Cortesão
Cornélio – Cortesão
Rosencrantz – Cortesão
Guildenstern – Cortesão
Osric – Cortesão
Um cavalheiro
Um sacerdote
Marcelo – Oficial
Bernardo – Oficial
Francisco – Um soldado
Reinaldo – Criado de Polônio
Atores
Dois clowns – Coveiros
Fortinbrás – Príncipe da Noruega
Um capitão
Embaixadores ingleses
Gertrudes – Rainha da Dinamarca, mãe de Hamlet
Ofélia – Filha de Polônio
Damas, cavalheiros, oficiais, soldados, marinheiros, mensageiros e servidores
Fantasma do pai de Hamlet, o **Rei Hamlet**

Cena – Dinamarca

ATO I

Cena I

Elsinor – Terraço diante do castelo. (Francisco está de sentinela. Bernardo entra e vai até ele.)

Bernardo: Quem está aí?

Francisco: Sou eu quem pergunta! Alto, e diz quem vem!

Bernardo: Viva o rei!

Francisco: Bernardo?

Bernardo: O próprio.

Francisco: Chegou na exatidão de sua hora.

Bernardo: Acabou de soar a meia-noite.
Vai pra tua cama, Francisco.

Francisco: Muito obrigado por me render agora. Faz um frio mortal – até meu coração está gelado.

Bernardo: A guarda foi tranquila?

Francisco: Nem o guincho de um rato.

Bernardo: Boa noite, então.
Se encontrar Marcelo e Horácio,
Meus companheiros de guarda, diga-lhes que se apressem.

Francisco: Parece que são eles. Alto aí! Quem vem lá? *(Entram Horácio e Marcelo.)*

Horácio: Amigos deste país.

Marcelo: E vassalos do Rei da Dinamarca.

Francisco: Deus lhes dê boa-noite.

Marcelo: Boa noite a ti, honesto companheiro.
Quem tomou o teu posto?

Francisco: Bernardo está em meu lugar.
Deus lhes dê boa-noite. *(Sai.)*

Marcelo: Olá, Bernardo!

Bernardo: Quem está aí? Horácio?

Horácio: Só um pedaço dele. O resto ainda dorme.

Bernardo: Bem-vindo, Horácio. Bem-vindo, bom Marcelo.
Marcelo: Então, me diz – esta noite a coisa apareceu de novo?
Bernardo: Eu não vi nada.
Marcelo: Horácio diz que tudo é fantasia nossa
E não quer acreditar de modo algum
Na visão horrenda que vimos duas vezes.
Por isso eu insisti pra que estivesse aqui, conosco,
Vigiando os minutos atravessarem a noite
Assim, se a aparição surgir de novo
Ela não duvidará mais de nossos olhos,
E falará com ela.
Horácio: Ora, ora, não vai aparecer.
Bernardo: Senta um pouco, porém.
E deixa mais uma vez atacarmos teus ouvidos
Fortificados contra a nossa história –
O que vimos nessas duas noites.
Horácio: Bem, vamos sentar, então,
E ouvir Bernardo contar o que ambos viram.
Bernardo: Na noite passada,
Quando essa mesma estrela a oeste do polo
Estava iluminando a mesma parte do céu
Que ilumina agora, Marcelo e eu –
O sino, como agora, badalava uma hora –
Marcelo: Silêncio! Não fala! Olha – vem vindo ali de novo!
(Entra o Fantasma.)
Bernardo: Com a mesma aparência do falecido rei.
Marcelo: Você é um erudito; fala com ele, Horácio.
Bernardo: Não te parece o rei? Repara bem, Horácio.
Horácio: É igual – estou trespassado de espanto e medo.
Bernardo: Ele quer que lhe falem.
Marcelo: Fala com ele, Horácio.
Horácio: Quem és tu que usurpas esta hora da noite
Junto com a forma nobre e guerreira
Com que a majestade do sepulto rei da Dinamarca
Tantas vezes marchou? Pelos céus, eu te ordeno: fala!

Marcelo: Creio que se ofendeu.
Bernardo: Olha só; com que altivez vai embora!
Horácio: Fica aí! Fala, fala! Eu te ordenei – fala!
(O Fantasma sai.)
Marcelo: Foi embora e não quis responder.
Bernardo: E então, Horácio? Você treme, está pálido.
Não é um pouco mais que fantasia?
Que é que nos diz, agora?
Horácio: Juro por Deus; eu jamais acreditaria nisso
Sem a prova sensível e verdadeira
Dos meus próprios olhos.
Marcelo: Não era igual ao rei?
Horácio: Como o rei num espelho.
A armadura também era igual à que usava
Ao combater o ambicioso rei da Noruega
E certa vez franziu assim os olhos, quando,
Depois de uma conferência violenta,
Esmagou no gelo os poloneses
Em seus próprios trenós.
É estranho.
Marcelo: Assim, duas vezes seguidas, e nesta mesma hora morta,
Atravessou nossa guarda nesse andar marcial.
Horácio: Não sei o que pensar. Com precisão, não sei.
Mas, se posso externar uma opinião ainda grosseira,
Isso é augúrio de alguma estranha comoção em nosso Estado.
Marcelo: Pois bem; vamos sentar. E quem souber me responda:
Por que os súditos deste país se esgotam todas as noites
Em vigílias rigidamente atentas, como esta?
Por que, durante o dia, se fundem tantos canhões de bronze?
Por que se compra tanto armamento no estrangeiro?
Por que tanto trabalho forçado de obreiros navais,
Cuja pesada tarefa não distingue o domingo dos dias de semana?

O que é que nos aguarda,
O que é que quer dizer tanto suor
Transformando a noite em companheira de trabalho do dia?
Quem pode me informar?
Horácio: Eu posso;
Pelo menos isto é o que se murmura: nosso último rei,
Cuja imagem agora mesmo nos apareceu,
Foi, como vocês sabem, desafiado ao combate por
Fortinbrás, da Noruega,
Movido pelo orgulho e picado pela inveja.
No combate, nosso valente Rei Hamlet,
Pai de nosso amado príncipe,
Matou esse Fortinbrás; que, por um contrato lacrado,
Ratificado pelos costumes da heráldica,
Perdeu, além da vida, todas as suas terras,
Que passaram à posse do seu vencedor.
O nosso rei também tinha dado em penhor
Uma parte equivalente do seu território
A qual teria se incorporado às posses de Fortinbrás
Houvesse ele vencido.
Agora, senhor, o jovem Fortinbrás, príncipe da Noruega,
Cheio de ardor, mas falho em experiência,
Conseguiu recrutar, aqui e ali,
Nos confins de seu país,
Um bando de renegados sem fé nem lei
Decididos a enfrentar, por pão e vinho,
Qualquer empreitada que precise estômago.
No caso (como compreendeu bem claro o nosso Estado)
A empreitada consiste em recobrar,
Com mão de ferro e imposições despóticas,
As mesmas terras perdidas por seu pai.
Está aí, acredito,
A causa principal desses preparativos,
A razão desta nossa vigília,
E a origem do tumulto febril que agita o país.

Bernardo: Acho que tudo se passa como disse.
Isso explica a visão espantosa,
Tão parecida com o rei, que foi e é a causa dessas guerras,
Ter vindo assombrar a nossa guarda.
Horácio: Um grão de pó que perturba a visão do nosso espírito.
No tempo em que Roma era só louros e palmas,
Pouco antes da queda do poderoso Júlio,
As tumbas foram abandonadas pelos mortos
Que, enrolados em suas mortalhas,
Guinchavam e gemiam pelas ruas romanas;
Viram-se estrelas com caudas de fogo,
Orvalhos de sangue, desastres nos astros,
E a lua aquosa, cuja influência domina o mar, império de Netuno,
Definhou num eclipse, como se houvesse soado o Juízo Final.
Esses mesmos sinais, mensageiros de fatos sinistros,
Arautos de desgraças que hão de vir,
Prólogo de catástrofes que se formam.
Surgiram ao mesmo tempo no céu e na terra,
E foram vistos em várias regiões,
Com espanto e terror de nossos compatriotas.
Mas calma agora! Olhem: ele está aí de novo! *(O Fantasma entra.)*
Vou barrar o caminho, mesmo que me fulmine.
(Ao Fantasma.) Para, ilusão! *(O Fantasma abre os braços.)*
Se sabes algum som ou usas de palavras,
Fala comigo.
Se eu posso fazer algo de bom,
Que alivie a ti e traga alívio a mim,
Fala comigo. Se sabes um segredo do destino do reino
Que, antecipado por nós, possa ser evitado,
Fala comigo!
Se em teus dias de vida, enterraste

Nas entranhas da terra um tesouro, desses extorquidos,
Pelos quais, dizem, os espíritos vagueiam após a morte,
(O galo canta.)
Fala! Para e fala! Cerca ele aí, Marcelo!
Marcelo: Posso atacá-lo com a alabarda?
Horácio: Se não se detiver, ataca!
Bernardo: Está aqui!
Horácio: Está aqui!
Marcelo: Foi embora! *(O Fantasma sai.)*
Erramos tudo, tentando a violência,
Diante de tanta majestade.
Ele é como o ar, invulnerável,
E nossos pobres golpes uma tolice indigna.
Bernardo: Ele ia falar quando o galo cantou.
Horácio: E aí estremeceu como alguém culpado
Diante de uma acusação. Ouvi dizer que o galo,
Trombeta da alvorada, com sua voz aguda,
Acorda o Deus do dia,
E que a esse sinal,
Os espíritos errantes,
Perdidos em terra ou no mar, no ar ou no fogo,
Voltam rapidamente às suas catacumbas.
O que acabamos de ver prova que isso é verdade.
Marcelo: Se decompôs ao clarinar do galo,
Dizem que, ao se aproximar o Natal de Nosso Salvador,
O galo, pássaro da alvorada, canta a noite toda:
E aí, se diz, nenhum espírito ousa sair do túmulo.
As noites são saudáveis; nenhum astro vaticina;
Nenhuma fada encanta, nem feiticeira enfeitiça;
Tão santo e cheio de graça é esse tempo.
Horácio: Eu também ouvi assim e até acredito, em parte.
Mas, olha: a alvorada, vestida no seu manto púrpura,
Pisa no orvalho, subindo a colina do Oriente.
Está terminada a guarda; se querem um conselho,
Acho que devemos comunicar ao jovem Hamlet

O que aconteceu esta noite; creio, por minha vida,
Que esse espírito, mudo pra nós, irá falar com ele.
Marcelo: Pois então vamos logo.
Eu sei onde encontrá-lo com certeza
A esta hora da manhã. *(Saem.)*

Cena II

Sala de cerimônias do castelo. (Entram o Rei, a Rainha, Hamlet, Polônio, Laertes, Voltimando, Cornélio, Cavalheiros e Cortesãos.)

Rei: Embora a morte de nosso caro irmão, Hamlet,
Ainda esteja verde em nossos sentimentos,
O decoro recomende luto em nosso coração,
E o reino inteiro ostente a mesma expressão sofrida,
A razão se opõe à natureza,
E nos manda lembrar dele com sábia melancolia –
Sem deixar de pensarmos em nós mesmos.
Por isso, não desconsiderando vossos melhores conselhos,
Que nos foram livremente transmitidos esse tempo todo,
Tomamos por esposa nossa antes irmã, atual rainha,
Partícipe imperial deste Estado guerreiro.
Embora, por assim dizer, com alegria desolada;
Um olho auspicioso, outro chorando,
Aleluia no enterro, réquiem no casamento,
Equilibrados, em balança justa, o prazer e a mágoa.
A todos nossos agradecimentos.
E agora segue o que todos sabem: o jovem Fortinbás,
Fazendo uma apreciação infeliz de nosso poderio,
Ou achando, talvez, que com a morte de nosso amado irmão
Nosso Estado se tenha desagregado ou desunido,
Apoiado na quimera de sua suposta superioridade,
Não para de nos acicatar com mensagens hostis

Exigindo a devolução das terras que seu pai perdeu
Pra nosso valorosíssimo irmão
Dentro das mais escritas regras
De lei, da honra e da coragem.
E quanto a ele basta.
Agora, quanto a nós – o motivo desta reunião.
Escrevemos ao rei da Noruega, tio do jovem Fortinbrás,
O qual, impotente e recolhido ao leito,
Mal sabe das intenções do sobrinho,
Exigimos do rei que impeça Fortinbrás
De prosseguir com seus planos, já que
O aliciamento, manobras e adestramento de tropas,
Tudo é feito dentro de seu território.
E aqui os despachamos,
Você, bom Cornélio, e você, Voltimando,
Como portadores de nossas saudações ao velho norueguês,
Sem que tenham, porém, qualquer poder pessoal
Pra negociar com o rei fora do objetivo
Por nós já detalhado.
Adeus, e que a vossa presteza ressalte
Vosso senso de dever.

Cornélio & Voltimando: Nisso, e em tudo mais, cumpriremos o ordenado.

Rei: Não temos qualquer dúvida; de todo coração, adeus.
(Saem Cornélio e Voltimando.)
E agora, Laertes, que assunto te traz?
Você nos falou de certa pretensão; qual é ela, Laertes?
Nada de razoável que peças ao rei da Dinamarca
Será pedido em vão. O que podes pedir, caro Laertes,
Que não seja, por antecipação, uma oferta minha?
A cabeça não é mais aliada ao coração,
Nem a mão mais ligada com a boca,
Do que teu pai com este trono.
Diz o que tu desejas.

Laertes: Venerado senhor,

Vossa licença e proteção pra regressar à França,
De onde vim com a maior alegria
Cumprir meu dever de presença em vossa coroação.
Agora, porém, eu devo confessar, esse dever cumprido,
Meus pensamentos e desejos se curvam outra vez para a França,
Como eu, aqui, rogando humildemente permissão e perdão.
Rei: Você tem a licença de seu pai? O que nos diz, Polônio?
Polônio: Ele conseguiu essa licença, senhor.
Foi arrancada de mim por incansáveis pedidos,
Ao fim dos quais lhe dei minha relutante permissão.
Eu te suplico, senhor, permita que ele vá.
Rei: Escolhe tua melhor hora, Laertes; o tempo te pertence.
E gasta como entenderes as qualidades que tens!
E agora, caro Hamlet, meu primo e meu filho...
Hamlet: *(À parte.)* Me perfilha como primo, pois não primo como filho.
Rei: Por que essas nuvens sombrias ainda em teu semblante?
Hamlet: Me protejo, senhor, por estar tão perto do sol.
Rainha: Querido Hamlet, arranca de ti essa coloração noturna.
E olha com olhar de amigo o rei da Dinamarca.
Chega de andar com os olhos abaixados
Procurando teu nobre pai no pó, inutilmente,
Sabes que é sorte comum – tudo que vive morre,
Atravessando a vida para a eternidade.
Hamlet: Sim, madame, é comum.
Rainha: Se é, por que a ti te parece assim tão singular?
Hamlet: Parece, senhora? Não, madame, é!
Não conheço o *parece.*
Não é apenas o meu manto negro, boa mãe,
Minhas roupas usuais de luto fechado,
Nem os profundos suspiros, a respiração ofegante.
Não, nem o rio de lágrimas que desce de meus olhos,

Ou a expressão abatida do meu rosto,
Junto com todas as formas, vestígios e exibições de dor,
Que podem demonstrar minha verdade. Isso, sim, *parece*,
São ações que qualquer um pode representar.
O que está dentro de mim dispensa e repudia
Os costumes e galas que imitam a agonia.
Rei: Dedicar ao pai esse tributo póstumo, Hamlet,
Revela a doçura da tua natureza.
Mas, você bem sabe, teu pai perdeu um pai;
O pai que ele perdeu também perdeu o dele;
Quem sobrevive tem, por certo tempo, o dever filial de demonstrar sua pena.
Mas insistir na ostentação de mágoa
É teimosia sacrílega; lamento pouco viril,
Mostra uma vontade desrespeitosa ao céu,
Um coração débil, alma impaciente,
Mente simplória e inculta,
Pois se sabemos que a coisa é inelutável,
Por que enfrentá-la com oposição estéril?
Tolice! Ofensa aos céus, ofensa aos mortos,
Ofensa à natureza, gigantesco absurdo pra razão,
Que sabe ser normal os pais morrerem antes,
E que sempre gritou, desde o primeiro morto
Até esse que morreu agora: "Assim deve ser. É assim mesmo!"
Por isso te rogamos, Hamlet – afasta de ti essa dor já inútil,
E pensa em nós como um pai.
E que o universo tome nota:
Este é o herdeiro mais imediato do meu trono!
O amor que te devoto é tão nobre
Quanto o que o pai mais amoroso dedica ao filho mais amado.
Quanto à tua intenção de voltar a estudar em Wittenberg,
Não há nada mais oposto à nossa vontade.
Para a alegria e sob a proteção de nossos olhos,

Te pedimos que permaneças aqui,
Como nosso primeiro cortesão, parente e filho nosso.
Rainha: Não deixe que as orações de tua mãe
se percam, Hamlet.
Eu te imploro, fica conosco, não vai pra Wittenberg.
Hamlet: Farei o melhor que possa para obedecer-lhe, madame.
Rei: É uma resposta bonita e carinhosa;
Esteja na Dinamarca como se fosse nós mesmos.
(À Rainha.) Venha, senhora,
O consentimento nobre e espontâneo de Hamlet
Traz um sorriso a meu coração e, em louvor disso,
O rei não erguerá hoje um único brinde
Sem que o grande canhão o anuncie às nuvens,
Pra que as nuvens, ecoando a saudação real,
Reproduzam, no céu, a alegria terrestre. Venham todos.
(Fanfarras. Saem todos, menos Hamlet.)
Hamlet: Oh, que esta carne tão, tão maculada, derretesse,
Explodisse e se evaporasse em neblina!
Oh, se o Todo-Poderoso não tivesse gravado
Um mandamento contra os que se suicidam.
Ó Deus, ó Deus! Como são enfadonhas, azedas ou rançosas,
Todas as práticas do mundo!
O tédio, ó nojo! Isto é um jardim abandonado,
Cheio de ervas daninhas,
Invadido só pelo veneno e o espinho –
Um quintal de aberrações da natureza.
Que tenhamos chegado a isto...
Morto há apenas dois meses! Não, nem tanto. Nem dois.
Um rei tão excelente. Compará-lo com este
É comparar Hipérion, Deus do sol,
Com um sátiro lascivo. Tão terno com minha mãe
Que não deixava que um vento mais rude lhe roçasse o rosto.
Céu e terra! É preciso lembrar?

Ela se agarrava a ele como se seu desejo crescesse
Com o que o nutria. E, contudo, um mês depois...
É melhor não pensar! Fragilidade, teu nome é mulher!
Um pequeno mês, antes mesmo que gastasse
As sandálias com que acompanhou o corpo de meu pai,
Como Níobe, chorando pelos filhos, ela, ela própria –
Ó Deus! Uma fera, a quem falta o sentido da razão,
Teria chorado um pouco mais – ela casou com meu tio,
O irmão de meu pai, mas tão parecido com ele
Como eu com Hércules! Antes de um mês!
Antes que o sal daquelas lágrimas hipócritas
Deixasse de abrasar seus olhos inflamados,
Ela casou. Que pressa infame,
Correr assim, com tal sofreguidão, ao leito incestuoso!
Isso não é bom, nem vai acabar bem.
Mas estoura, meu coração! Devo conter minha língua!
Horácio: Salve, meu senhor.
Hamlet: Contente por te ver tão bem.
É Horácio – ou já nem sei quem eu sou.
Horácio: Ele mesmo, meu senhor, e vosso humilde servidor.
Hamlet: Senhor – meu bom amigo.
É o tratamento que nós nos daremos.
O que é que você faz tão longe de Wittenberg, Horácio? Marcelo!
Marcelo: Meu bom senhor...
Hamlet: Estou muito contente de te ver. *(Pra Bernardo.)* Boa tarde, senhor.
Mas vamos lá, me diz, que faz você longe de Wittenberg?
Horácio: Minha inclinação à vadiagem, acho.
Hamlet: Eu não permitiria que um inimigo teu dissesse isso,
Nem deixarei que você violente os meus ouvidos
Pra que aceitem tua acusação contra ti mesmo.
Você não é preguiçoso; qual é o teu interesse em Elsinor?
Aqui te ensinarão a beber muito; eu sei.

Horácio: Senhor – eu vim pra assistir aos funerais de seu pai.
Hamlet: Ou seja: veio assistir aos esponsais de minha mãe.
Horácio: É verdade, senhor; foram logo em seguida.
Hamlet: Economia, Horácio! Os assados do velório
Puderam ser servidos como frios na mesa nupcial.
Preferia ter encontrado no céu meu pior inimigo
Do que ter visto esse dia!
Meu pai – estou vendo meu pai, Horácio!
Horácio: Seu pai? Onde, senhor?
Hamlet: No olhar do espírito, Horácio.
Horácio: Eu o vi uma vez; era um belo rei.
Hamlet: Era um homem – e nada mais importa.
Jamais haverá um outro como ele.
Horácio: Senhor, acho que o vi ontem de noite.
Hamlet: Viu quem?
Horácio: O rei, seu pai.
Hamlet: Meu pai? O rei?
Horácio: Contenha seu espanto por um instante
E me dê ouvido atento pra que eu lhe conte
O prodígio que vi, testemunhado por meus companheiros.
Hamlet: Pelo amor de Deus, sou todo ouvidos. Fala!
Horácio: Duas noites seguidas,
Marcelo e Bernardo tiveram essa visão,
Quando estavam de guarda na vastidão sepulcral da meia-noite.
Figura igual a seu pai, armada exatamente como ele –
Igual de cima a baixo! – apareceu a eles e,
Com andar majestoso, passou solenemente pelos dois.
Passou três vezes
Por seus olhos esbugalhados de surpresa e medo,
Tão perto que chegou a tocá-los com o cetro.
Enquanto eles, a quem o pavor liquefez em gelatina,
Ficaram mudos, incapazes de emitir uma palavra.
Eles me comunicaram isso em absoluto segredo;

Juntei-me à guarda na terceira noite;
A aparição surgiu na hora e da forma como tinham narrado,
Confirmando e provando cada palavra dita.
Reconheci seu pai: estas mãos não são tão semelhantes.
Hamlet: Mas onde foi isso?
Marcelo: Na esplanada do Sul, onde se faz a guarda.
Hamlet: Não falaram com ele?
Horácio: Eu falei, meu senhor; mas não me deu resposta.
Uma vez pareceu levantar a cabeça, no movimento
De quem pretende falar mas, exato aí,
O galo da matina cantou forte.
A sombra se encolheu subitamente
E se diluiu na nossa vista.
Hamlet: É muito estranho.
Horácio: Meu honrado senhor, é a verdade,
Tão certo quanto eu estar vivo.
Acreditamos que nosso primeiro dever era informá-lo.
Hamlet: Claro, claro, senhores, mas isso me perturba.
Ainda estão de prontidão esta noite?
Marcelo & Bernardo: Estamos, senhor.
Hamlet: Armado, vocês dizem?
Marcelo & Bernardo: Armado, sim senhor.
Hamlet: Dos pés à cabeça?
Marcelo & Bernardo: Do elmo ao calcanhar.
Hamlet: Então ninguém viu o rosto dele!
Horácio: Vimos, senhor; estava com a viseira levantada.
Hamlet: A expressão dolorida?
Horácio: Mais tristeza do que raiva.
Hamlet: Pálido ou rubro?
Horácio: Não, muito pálido.
Hamlet: Tinha os olhos fixados em vocês?
Horácio: Com insistência.
Hamlet: Eu queria ter estado lá.
Horácio: Acho que ficaria horripilado.
Hamlet: É bem provável, é bem provável. Durou muito tempo?

Horácio: O tempo de contar até cem, sem muita pressa.
Marcelo & Bernardo: Muito mais, muito mais.
Horácio: Não quando eu vi.
Hamlet: Tinha a barba grisalha? Não?
Horácio: Estava como eu vi quando era vivo: bem preta, com alguns fios de prata.
Hamlet: Vou ficar de guarda hoje à noite – talvez volte.
Horácio: Eu garanto que sim.
Hamlet: Se surgir na figura de meu nobre pai eu falo com ele
Mesmo que o inferno abra sua goela de fogo
E ordene que eu me cale. Imploro a todos,
Já que até agora mantiveram em segredo o que viram,
Que conservem o silêncio.
E seja o que for que aconteça esta noite
Tenham os olhos abertos – e a língua imóvel.
Eu retribuo a afeição de todos. Passem bem;
Antes da meia-noite estarei com vocês na plataforma.
Todos: Senhor, pode contar com a nossa obediência.
Hamlet: Me deem amizade – eu lhes darei a minha. Adeus!
(Saem todos, menos Hamlet.)
O espírito de meu pai! E armado! Nem tudo está bem;
Suspeito de alguma felonia. Queria que já fosse noite!
Te contém até lá, meu coração!
A infâmia sempre reaparece ao olhar humano,
Mesmo que a afoguem no fundo do oceano. *(Sai.)*

Cena III

Aposento na casa de Polônio. (Entram Laertes e Ofélia.)
Laertes: Minha bagagem está a bordo. Adeus, irmã.
Sempre que os ventos forem favoráveis
E houver um transporte disponível, não dorme;
Quero ter notícias tuas.

Ofélia: Está duvidando?
Laertes: Quanto a Hamlet e ao encantamento de suas atenções,
Aceita isso como uma fantasia, capricho de um temperamento,
Uma violeta precoce no início da primavera; suave, mas efêmera,
Perfume e passatempo de um minuto – Não mais.
Ofélia: Não mais que isso?
Laertes: Não mais;
Pois a natureza não nos faz crescer
Apenas em forças e tamanho.
À medida que este templo se amplia,
Se amplia dentro dele o espaço reservado
Pra alma e pra inteligência.
Talvez Hamlet te ame, agora, e não haja mácula ou má-fé,
Só sinceridade nas suas intenções.
Mas você deve temer, dada a grandeza dele,
O fato de não ter vontade própria:
É um vassalo do seu nascimento.
Não pode, como as pessoas sem importância,
Escolher a quem deseja, pois disso depende
A segurança e o bem-estar do Estado.
Portanto, a escolha dele está subordinada
À voz e à vontade desse outro corpo
Do qual ele é a cabeça. Então, quando diz que te ama,
Convém à tua prudência só acreditar nisso
Até onde seu desejo pessoal pode transformar
O que ele diz em fato: ou seja,
Até onde permitir a vontade universal da Dinamarca.
Assim, pesa o que pode sofrer a tua honra,
Se ouvir suas canções com ouvido crédulo,
Lhe entregar o coração ou abrir teu mais casto tesouro
À sua luxúria sem controle.
Cuidado, Ofélia, cuidado, amada irmã, vigia!

E coloca tua afeição
Fora do alcance e do perigo do desejo.
A donzela mais casta não é bastante casta
Se desnuda sua beleza à luz da lua.
A mais pura virtude não escapa ao cerco da calúnia.
A praga ataca os brotos da primavera
Antes mesmo que os botões floresçam;
E na manhã orvalhada da existência
Os contágios fatais são mais constantes.
Tem cuidado, então; o medo é a melhor defesa.
Uma jovem se seduz com sua própria beleza.
Ofélia: Terei o nobre sentido das tuas palavras
Como guarda do meu coração. Mas, meu bom irmão,
Não faz como certos pastores impostores,
Que nos mostram um caminho pro céu, íngreme
e escarpado,
E vão eles, dissolutos e insaciáveis libertinos,
Pela senda florida dos prazeres,
Distante dos sermões que proferiram.
Laertes: Não se preocupe comigo.
Mas já me demorei muito. E aí vem meu pai,
(Entra Polônio.)
Uma dupla bênção é uma dupla graça.
Feliz por despedir-me duas vezes.
Polônio: Ainda aqui, Laertes! Já devia estar no navio,
que diabo!
O vento já sopra na proa de teu barco;
Só esperam por ti. Vai, com a minha bênção, vai!
(Põe a mão na cabeça de Laertes.)
E trata de guardar estes poucos preceitos:
Não dá voz ao que pensares, nem transforma em ação um
pensamento tolo.
Amistoso, sim, jamais vulgar.
Os amigos que tenhas, já postos à prova,
Prende-os na tua alma com grampos de aço;

Mas não caleja a mão festejando qualquer galinho implume
Mal saído do ovo. Procura não entrar em nenhuma briga;
Mas, entrando, encurrala o medo no inimigo,
Presta ouvido a muitos, tua voz a poucos.
Acolhe a opinião de todos – mas você decide.
Usa roupas tão caras quanto tua bolsa permitir,
Mas nada de extravagâncias – ricas, mas não pomposas.
O hábito revela o homem,
E, na França, as pessoas de poder ou posição
Se mostram distintas e generosas pelas roupas que vestem.
Não empreste nem peça emprestado:
Quem empresta perde o amigo e o dinheiro;
Quem pede emprestado já perdeu o controle de sua economia.
E, sobretudo, isto: sê fiel a ti mesmo.
Jamais serás falso pra ninguém
Adeus. Que minha bênção faça estes conselhos frutificarem em ti.
Laertes: Com toda a humildade, eu me despeço, pai.
Polônio: Vai – que o tempo foge. Teus criados esperam.
Laertes: Adeus, Ofélia, e não esquece o que eu disse.
Ofélia: Está encerrado na minha memória,
E só você tem a chave.
Laertes: Adeus. *(Sai.)*
Polônio: O que foi que ele te disse, Ofélia?
Ofélia: Se deseja saber, algo referente ao príncipe Hamlet.
Polônio: Ah, bem lembrado.
Disseram-me que, ultimamente,
Tem gasto muito tempo com você e que você,
Por seu lado, o tem acolhido liberal e generosamente.
Se é assim, e assim me foi contado,
Devo te dizer – como um aviso –
Que você não compreende claramente
O que te convém como minha filha e quanto à tua honra.
O que há entre vocês? Quero a verdade.

Ofélia: Senhor, ultimamente ele tem me dado muitas demonstrações de ternura.
Polônio: Ternura! Qual! Você fala como uma moça ingênua
Inconsciente do perigo em que se encontra.
Você acredita nessas ternuras de que fala?
Ofélia: Senhor, não sei o que pensar.
Polônio: Por Deus; você está agindo como uma menina
Que ganha uma moeda falsa e acha que é dinheiro de verdade.
Ofélia: Senhor, se ele me importuna com palavras de amor,
É da forma mais honrosa.
Polônio: Oh, honrosa! Não diz, não diz!
Ofélia: E apoia as intenções com que fala, senhor,
Com os juramentos mais sagrados do céu.
Polônio: Alçapão pra apanhar rolinhas. Eu sei bem,
Quando o sangue ferve, como a alma é pródiga
Em emprestar mil artimanhas à língua.
São chispas, minha filha, dão mais luz que calor
E se extinguem no momento da promessa –
Não são fogo verdadeiro. De agora em diante
Tua presença de donzela deve ser menos visível.
Que os teus encontros tenham um preço mais alto
Do que um simples chamado ocasional.
Não deves esquecer que o príncipe Hamlet
É jovem, e príncipe;
Tem rédea bem mais solta do que a tua.
Ofélia, não acredite nas promessas dele;
São simples mensageiras de ânsias pecaminosas,
Com ares de devotas, pra seduzir melhor. Simplificando:
Não quero mais, de hoje em diante,
Que você conspurque um minuto sequer,
Trocando palavras, ou conversando, com o príncipe.
Presta atenção: é uma ordem. Pode ir.
Ofélia: Eu obedeço, meu senhor.

Cena IV

Na Esplanada. (Entram Hamlet, Horácio e Marcelo.)

Hamlet: O ar corta a pele, de tanto que está frio.

Horácio: Gelado e penetrante.

Hamlet: Que horas?

Horácio: Acho que é quase meia-noite.

Marcelo: Já soou meia-noite.

Horácio: É mesmo? Eu nem ouvi. Então está perto da hora
Em que o espírito costumava aparecer.
(Toques festivos de trombeta. Canhões disparam no castelo.)
Que significa isso, meu senhor?

Hamlet: O rei está fazendo uma noitada, promovendo uma orgia.
Festeja e dança danças debochadas
E, enquanto engolfa talagadas de vinho do Reno,
Manda tambores e trompas proclamarem
A apoteose de sua bebedeira.

Horácio: Isso é um costume?

Hamlet: Oh, sim, como não.
Mas, pro meu sentimento – e sou nascido aqui,
Criado nesses hábitos – é uma tradição
Que seria mais honroso romper, não respeitar.
Esse deboche brutal
Nos transforma em alvos de insultos e achincalhes
De todas as nações, do Oriente ao Ocidente,
Nos dá fama de bêbados, mancha nossa reputação;
Dinamarqueses suínos. Todos os nossos feitos,
Por mais belos que sejam, ficam ofuscados
Por esse costume inglório.
Isso acontece também com indivíduos que,
Por nascerem com algum defeito natural,
Do qual não são culpados (a Natureza não permite
Que escolham sua origem), têm um temperamento exaltado,

E rompem as fronteiras e defesas da razão;
Ou que, por adquirirem hábitos nocivos,
Se chocam com os comportamentos bem aceitos.
Essas pessoas, digo, pela nódoa de um estigma –
Marca da natureza ou azar do destino –
Terão todas as suas virtudes desprezadas,
Sejam elas tão altas ou infinitas quanto o homem é capaz.
Uma gota do mal, uma simples suspeita,
Transforma o leite da bondade no lodo da infâmia.
Horácio: Olha só, meu senhor, lá está ele!
(Entra o Fantasma.)
Hamlet: Anjos e mensageiros de Deus, defendei-nos!
Sejas tu um espírito sagrado ou duende maléfico;
Circundado de auras celestes ou das chamas do inferno;
Tenhas intenções bondosas ou perversas;
Tu te apresentas de forma tão estranha
Que eu vou te falar. Tu és Hamlet,
Meu rei, meu pai, senhor da Dinamarca. Vai, me responde!
Não deixa que eu exploda em ignorância: me diz
Por que teus ossos, devidamente consagrados, enterrados com as devidas cerimônias
Romperam a mortalha; por que o sepulcro,
Onde te depusemos tão tranquilamente,
Abriu suas pesadas mandíbulas de mármore
Pra te jogar outra vez neste mundo?
O que quererá dizer, cadáver morto, tu, assim,
De novo em armadura completa, vir nos revisitar
Aos fulgores da lua, tornando sinistra
A noite luminosa, enquanto nós, joguetes da natureza,
Sentimos o pavor penetrar nosso ser.
Por pensamentos muito além dos limites que alcançamos?
Diz por que isso! Com que fim? Que devemos fazer?
(O Fantasma acena pra Hamlet.)
Horácio: Faz sinais pro senhor ir com ele
Como se quisesse lhe comunicar alguma coisa sozinho.

Marcelo: Olha, faz um gesto gentil pra que o acompanhe a um lugar
Mais afastado... Não vai não!
Horácio: Não, de maneira nenhuma!
Hamlet: Se não vou, ele não fala. Vou atrás dele.
Horácio: Não faça isso, meu senhor.
Hamlet: Por quê? Qual é o medo?
Minha vida não vale um alfinete
E à minha alma ele não pode fazer nada,
Pois é tão imortal quanto ele.
Faz sinais de novo; vou segui-lo.
Horácio: Mas, senhor, e se ele o arrastar para o oceano,
Ou pro cume apavorante dessa rocha
Que avança pelas ondas e aí,
Assumindo uma outra forma mais horrível,
Privá-lo do império da razão
E precipitá-lo na loucura? Pensa nisso;
O próprio local – não precisa outro motivo –
Traz vertigens insensatas
Só de olhar o mar que estoura
No precipício lá em baixo.
Hamlet: Continua me fazendo sinais.
(Ao Fantasma.) Pode ir que eu te sigo.
Marcelo: Não vá lá, meu senhor. *(Segura Hamlet.)*
Hamlet: Tira as mãos.
Horácio: Se convença, senhor – não deve ir.
Hamlet: O meu destino chama
E torna as menores artérias do meu corpo
Tão fortes quanto os nervos do Leão da Nemeia.
(O Fantasma acena.)
Continua chamando. Me deixem livre, senhores.
Pelos céus, transformarei também em fantasma
Quem me detiver novamente. Afastem-se!
(Ao Fantasma.) Pode ir – vou atrás.
(Saem, o Fantasma e Hamlet.)

Horácio: A imaginação o arrasta a qualquer ousadia.
Marcelo: Vamos segui-lo; é um erro obedecer agora.
Horácio: Vou com você. Mas o que é que quer dizer isso?
Marcelo: Há algo de podre no Estado da Dinamarca.
Horácio: O céu providencia.
Marcelo: Vamos lá. *(Saem.)*

Cena V

Outra parte da Esplanada. (Entram o Fantasma e Hamlet.)
Hamlet: Pra onde me leva? Fala: não passo daqui.
Fantasma: Me escuta.
Hamlet: Te escuto.
Fantasma: Está quase na hora
Em que devo voltar pro tormento
Das chamas de enxofre.
Hamlet: Ah, espírito infeliz!
Fantasma: Não desejo pena, só teu ouvido atento
Ao que vou revelar.
Hamlet: Fala: estou pronto pra ouvir.
Fantasma: E também pra me vingar, depois de ouvir.
Hamlet: O quê?
Fantasma: Sou o espírito de teu pai
Condenado, por um certo tempo, a vagar pela noite
E a passar fome no fogo enquanto é dia,
Até que os crimes cometidos em meus tempos de vida
Tenham sido purgados, se transformando em cinza.
Se não me fosse proibido
Narrar os segredos das profundas,
Eu te revelaria uma história cuja palavra mais leve
Arrancaria as raízes da tua alma.
E gelaria o sangue da tua juventude,
Fazendo teus dois olhos abandonarem as órbitas
Como estrelas perdidas; enquanto teus cabelos,

Separados em tufos, ficariam com os fios em pé:
Cerdas na pele de um porco-espinho.
Mas esses segredos do sobrenatural
Não são pra ouvidos feitos de carne e sangue,
Escuta, escuta, escuta!
Se você algum dia amou seu pai...
Hamlet: Ó, Deus!
Fantasma: Vinga esse desnaturado, infame assassinato.
Hamlet: Assassinato!
Fantasma: Todo assassinato é infame:
Este é infame, perverso – monstruoso.
Hamlet: Me conta tudo logo, pra que eu,
Mais rápido do que um pensamento de amor,
Voe para a vingança.
Fantasma: Te vejo decidido:
E serias mais insensível do que as plantas adiposas
Que apodrecem molemente nas margens do rio Letes
Se ficasses impassível diante disso. Então, Hamlet, escuta:
Se divulgou que fui picado por uma serpente
Quando dormia em meu jardim;
Com essa versão mentirosa do meu falecimento
Se engana grosseiramente o ouvido de toda a Dinamarca.
Mas saiba você, meu nobre jovem:
A serpente cuja mordida tirou a vida de teu pai
Agora usa a nossa coroa.
Hamlet: Ó, minha alma profética! Meu tio!
Fantasma: Sim, essa besta incestuosa e adúltera,
Com seu engenho maligno e dádivas de traição –
Maldito engenho e dádivas malditas
Por seu poder de sedução! – descobriu, pra sua lascívia incontrolável,
A volúpia da minha rainha tão virtuosa – em aparência.
Oh, Hamlet, que queda foi aquela!
De mim – cujo amor ainda mantinha a dignidade
Dos votos feitos em nosso matrimônio –

Rebaixar-se a um canalha, cujos dons naturais
Eram mais que execráveis, comparados com os meus!
Mas, assim como a virtude não se deixa corromper,
Ainda que a luxúria a corteje em forma de anjo,
Também a lascívia, mesmo ligada a um anjo refulgente,
Continua devassa nos lençóis celestes,
E goza na imundície.
Mas, espera! Já sinto o odor do ar matutino;
Devo ser breve; eu dormia, de tarde, em meu jardim,
Como de hábito. Nessa hora de calma e segurança
Teu tio entrou furtivamente, trazendo, num frasco,
O suco da ébona maldita,
E derramou, no pavilhão de meus ouvidos,
A essência morfética
Que é inimiga mortal do sangue humano,
Pois, rápida como o mercúrio, corre através
Das entradas e estradas naturais do corpo;
E, em fração de minuto, talha e coalha
O sangue límpido e saudável,
Como gotas de ácido no leite. Assim aconteceu comigo;
Num segundo minha pele virou crosta leprosa,
Repugnante, e me surgiram escamas purulentas pelo corpo.
Assim, dormindo, pela mão de um irmão, perdi, ao mesmo tempo,
A coroa, a rainha e a vida.
Abatido em plena floração de meus pecados,
Sem confissão, comunhão ou extrema-unção,
Fui enviado para o ajuste final,
Com todas minhas imperfeições pesando na alma.
Hamlet: Oh, terrível! Terrível! Tão terrível!
Fantasma: Se você tem sentimentos naturais não deve tolerar;
Não deve tolerar que o leito real da Dinamarca
Sirva de palco à devassidão e ao incesto.
Mas, seja qual for a tua forma de agir,

Não contamina tua alma deixando teu espírito
Engendrar coisa alguma contra tua mãe. Entrega-a ao céu,
E aos espinhos que tem dentro do peito:
Eles ferem e sangram. Adeus de uma vez!
O vaga-lume começa a empalidecer sua luz noturna;
É que a alvorada o vence.
Adeus, adeus, adeus! Lembra de mim. *(Sai.)*

Hamlet: Oh, gigantescas legiões do céu! Oh, terra! Que mais ainda?
Devo apelar ao inferno? Infâmia! Calma, calma, coração;
E vocês, meus nervos, não envelheçam de repente;
Me mantenham tranquilo. *(Levanta-se.)* Lembrar de ti!
Ah, pobre fantasma, enquanto a memória tiver um lugar neste globo alterado. *(Toca a cabeça.)* Lembrar de ti!
Ouve, vou apagar da lousa da minha memória
Todas as anotações frívolas ou pretensiosas,
Todas as ideias dos livros, todas as imagens,
Todas as impressões passadas,
Copiadas pela minha juventude e observação.
No livro e no capítulo do meu cérebro
Viverá apenas o teu mandamento,
Sem mistura com qualquer matéria vil. Sim, pelo céu!
Perniciosíssima senhora!
Ó traidor, traidor; desgraçado, sorridente traidor!
Minha lousa! – preciso registrar
Que se pode sorrir e, sorrindo, ser canalha.
Pelo menos, estou certo – aqui na Dinamarca.
Eis aí, o teu retrato. E aqui está minha divisa:
"Adeus, adeus! Lembra de mim".
Está jurado.

Horácio: *(Fora de cena.)* Meu senhor, meu senhor...

Marcelo: *(Fora de cena.)* Príncipe Hamlet!

Horácio: *(Fora de cena.)* Que o céu o proteja!

Hamlet: Amém!

Marcelo: *(Fora de cena.)* Olá, ho, ho, meu senhor!

Hamlet: Hilô, ho, ho, vem meu falcão, aqui!
(Entram Marcelo e Horácio.)
Marcelo: Como está o senhor?
Horácio: Que foi que aconteceu, meu senhor?
Hamlet: Coisas maravilhosas!
Horácio: Meu bom senhor, queremos saber.
Hamlet: Pra quê, pra repetir?
Horácio: Não eu, meu senhor, pelo céu.
Marcelo: Nem eu, senhor.
Hamlet: Vão ouvir o que nenhum coração jamais imaginou. Mas, guardam segredo?
Horácio & Marcelo: Sim, meu senhor, por tudo que é sagrado.
Hamlet: Não há em toda Dinamarca um só canalha
Que não seja... um patife consumado.
Horácio: Meu senhor, não é preciso um fantasma sair da sepultura
Pra nos dizer isso.
Hamlet: É mesmo; é verdade. Você está certo.
Então, sem mais circunlóquios,
Acho conveniente, com um aperto de mão,
Irmos embora.
Vocês pra onde as ocupações ou a vontade lhes indique –
Pois todo homem, a todo momento,
– tem uma ocupação e uma vontade, seja esta ou aquela –
E eu, por meu lado, meu pobre lado,
Sabem o quê?, eu vou rezar.
Horácio: Isso, senhor, me parece somente um turbilhão
De palavras desconexas.
Hamlet: Perdão se eu os ofendi: de todo coração.
Perdão mesmo, por minha fé, verdade!
Horácio: Não há ofensa nenhuma, meu senhor.
Hamlet: Há sim, por São Patrício,
E ofensa grande. Falando da tal visão...
Deixa que eu te diga, Horácio.

É um fantasma honesto. Quanto ao teu desejo
De saber o que houve entre nós, é melhor que o reprima.
E agora, bons amigos, como amigos, estudiosos e soldados,
Um pequeno favor.
Horácio: Nós faremos, senhor, seja o que for.
Hamlet: Ninguém deve saber o que foi visto hoje.
Horácio & Marcelo: Senhor, ninguém saberá.
Hamlet: Muito bem – então jurem.
Horácio: Minha palavra, senhor.
Marcelo: Senhor, por minha fé.
Hamlet: Na cruz da minha espada! *(Estende a espada.)*
Marcelo: Mas nós já juramos, senhor.
Hamlet: Não importa. Não importa. Jurem na espada.
Fantasma: *(Debaixo da cena.)* Jurem!
Hamlet: Ho, ho, meu rapaz! Você está aí, amigão?
Vamos lá! Não ouviram o camarada da adega?
Concordem e jurem.
Horácio: Então propõe o juramento: nós juramos.
Hamlet: "Nunca falaremos no que vimos esta noite."
Jurem por minha espada
Fantasma: *(Debaixo da cena.)* Jurem.
Hamlet: *Hic et ubique?* Você está em toda a parte, hein?
Pois vamos mudar de lugar. Venham pra cá, senhores.
(Vão pra outra parte do palco.)
Aqui. Ponham de novo a mão na minha espada;
"Nunca falaremos em nada do que ouvimos."
Jurem por minha espada.
Fantasma: *(Debaixo da cena.)* Jurem.
Hamlet: Muito bem, ratazana! Você cava depressa
embaixo da terra, hein?
O rei da mineração! Vamos mudar de novo de lugar.
Horácio: Ó dia, ó noite! Isso é espantosamente estranho!
Hamlet: Portanto, como estranho, deve ser bem recebido.
Há mais coisas no céu e na terra, Horácio,
Do que sonha a tua filosofia.

Mas, vamos lá;
Aqui, como antes, nunca, com a ajuda de Deus,
Por mais estranha e singular que seja minha conduta –
Talvez, de agora em diante, eu tenha que
Adotar atitudes absurdas –
Vocês não devem jamais, me vendo em tais momentos,
Cruzar os braços assim, mexer a cabeça assim,
Ou pronunciar frases suspeitas,
Como "Ora, ora, eu já sabia", ou "Se nós quiséssemos, podíamos",
Ou "Se tivéssemos vontade de, quem sabe?"
Ou "Existem os que, se pudessem..."
Ou ambiguidades que tais pra darem a entender
Que conhecem segredos meus. Não façam nada disso,
E a graça e a misericórdia os assistirão
Quando necessitarem. Jurem.
Fantasma: *(Debaixo da cena.)* Jurem.
(Eles juram na espada de Hamlet.)
Hamlet: Repousa, repousa, espírito confuso! –
Assim, amigos,
Com todo meu afeto, me recomendo aos senhores,
E tudo que um homem tão pobre quanto Hamlet
Puder fazer pra exprimir sua amizade e gratidão,
Se Deus quiser, ele fará. Vamos entrar juntos;
E por favor, um dedo sempre sobre os lábios.
Nosso tempo está desnorteado. Maldita a sina
Que me fez nascer um dia pra consertá-lo!
Venham, vamos entrar os três. *(Saem.)*

ATO II

CENA I

Elsinor. Sala na casa de Polônio. (Entram Polônio e Reinaldo.)

POLÔNIO: Dá estas cartas e este dinheiro a ele, Reinaldo.
REINALDO: Pois não, meu senhor.
POLÔNIO: Mas, bom Reinaldo, será de grande sabedoria
Obter algumas informações sobre o comportamento dele,
Antes de visitá-lo.
REINALDO: Era a minha intenção, meu senhor.
POLÔNIO: Bem dito, muito bem dito. Mas olha, Reinaldo,
Primeiro vai ter que saber que dinamarqueses vivem em Paris;
E como, e quem são, com que meios, onde moram,
Com quem andam, quanto gastam.
Com rodeios e por generalidades,
Conhecendo os que conhecem meu filho,
Chegará mais perto do que desejamos
Do que o faria com perguntas diretas.
Assuma o ar de quem o conhece de vista,
Como "conheço bem o pai dele, e alguns amigos,
E ele, um pouco". Percebeu, Reinaldo?
REINALDO: Ah, sim, muito bem, sim senhor.
POLÔNIO: "E ele um pouco" – mas pode acrescentar: "Não muito bem:
Mas, se é quem eu estou pensando, é um dissipado;
Viciado em... nisto e naquilo" – e aí atribui a ele
Os defeitos que quiser; mas vê lá, nada tão torpe
Que possa desonrá-lo; presta atenção a isso.
Fale só de erros menores, transvios, loucuras, pequenos deslizes,

Companheiros notórios e inevitáveis
Da juventude quando em liberdade.
Reinaldo: Como jogar, meu senhor?
Polônio: Claro – ou beber, duelar, praguejar,
Fazer arruaças e andar com mulheres;
Até aí pode ir.
Reinaldo: Mas, senhor, isso não o desonraria?
Polônio: Não se você moderar a acusação.
Não deve dizer nada que produza escândalo,
Como que ele participa de... deboches.
Eu não quis dizer isso. Sussurre as faltas dele habilmente
Pra que pareçam excessos naturais da liberdade,
Centelhas e fulgores de alma fogosa,
Selvagerias dum sangue efervescente.
Coisas de jovens – ou de qualquer um.
Reinaldo: Mas, bom senhor...
Polônio: Por que agir assim?
Reinaldo: É, meu senhor –
Eu queria saber.
Polônio: Olha, te esbocei meu esboço
Porque, acho, é um estratagema permissível:
Colocamos essas pequenas nódoas no meu filho
Como manchas que acontecem num trabalho.
Veja bem,
Teu interlocutor, esse que você sonda,
Se alguma vez viu o jovem que você acusa
Envolvido nos crimes de que você fala,
Fará coro contigo:
"Bom senhor, eu...", ou "Amigo", ou "Cavalheiro...",
De acordo com a forma de expressão dessa pessoa,
Seu título e país.
Reinaldo: Muito bem, meu senhor.
Polônio: E então, teu interlocutor, ele aí – ele faz – hei...
O que é que eu ia dizer? Misericórdia,
Eu ia dizer alguma coisa. Onde foi que eu parei?

Reinaldo: "Fará coro contigo", ou "Amigo", ou
"Cavalheiro"...
Polônio: "Fará coro contigo" – pois bem,
Fará o coro assim: "Conheço bem o jovem;
Eu o vi ontem, ou no outro dia,
Ou agora, hoje mesmo, não sei quando,
Com alguém, não sei quem, e, como disse você,
Lá estava ele jogando, ou caindo de bêbado,
Ou brigando no campo". Ou talvez ele diga:
"Eu o vi entrando numa mansão de tolerância,
Videlicet – é evidente! – um bordel", e assim por diante.
O que aconteceu então?
Tua isca de falsidade atraiu a carpa da verdade.
É assim que nós, pessoas sábias e sagazes,
Por vias sinuosas e bolas de efeito,
Achamos a direção com indiretas.
Agirás com meu filho dessa forma, seguindo meu discurso
e meu conselho. Você me entende, não entende?
Reinaldo: Entendo, meu senhor, entendo.
Polônio: Deus te acompanhe. Vai!
Reinaldo: Meu bom senhor.
Polônio: Observa as tendências dele você mesmo.
Reinaldo: Farei como ordena.
Polônio: E deixa ele dançar sua própria dança.
Reinaldo: Como não?, meu senhor.
Polônio: Boa viagem. *(Sai Reinaldo. Entra Ofélia.)*
Que foi, Ofélia? Que aconteceu?
Ofélia: Oh, meu senhor, meu senhor, que medo eu tive!
Polônio: Em nome de Deus; medo de quê?
Ofélia: Bom senhor, eu estava costurando no meu quarto
Quando o príncipe Hamlet me surgiu
Com o gibão todo aberto,
Sem chapéu na cabeça, os cabelos desfeitos,
As meias sujas, sem ligas, caídas pelos tornozelos,
Branco como a camisa que vestia,

Os joelhos batendo um contra o outro,
E o olhar apavorado
De quem foi solto do inferno
Pra vir contar cá em cima os horrores que viu.
Polônio: Como? Louco de amor por ti?
Ofélia: Meu senhor, eu não sei; tenho medo que sim.
Polônio: O que foi que ele disse?
Ofélia: Me pegou pelo pulso e me apertou com força.
Depois se afastou à distância de um braço
E, com a outra mão na fronte,
Ficou olhando meu rosto com intensidade
Como se quisesse gravá-lo. Ficou assim muito tempo.
Por fim, sacudindo meu braço,
E balançando três vezes a cabeça,
soltou um suspiro tão doloroso e fundo
Que eu temi pudesse estourar seu corpo,
Fosse o último suspiro. E aí, me soltou;
Com a cabeça virada pra trás
Foi andando pra frente, como um cego,
Atravessando a porta sem olhar,
Os olhos fixos em mim até o fim.
Polônio: Vem cá, vem comigo. Vou procurar o rei.
Isso é um delírio de amor,
Violência que destrói a si mesma
E, mais que qualquer paixão,
Das tantas que, sob o céu, afligem nossas fraquezas,
Arrasta o ser a ações tresloucadas.
Sinto muito. Você lhe disse alguma palavra rude, ultimamente?
Ofélia: Não, meu bom senhor. Mas, como o senhor mandou,
Recusei as cartas
E evitei que ele se aproximasse.
Polônio: Foi isso que o enlouqueceu. Lamento não tê-lo observado
Com mais atenção e prudência. Temi que fosse só uma trapaça

Pra abusar de você; maldita desconfiança!
Mas é próprio da minha idade o excesso de zelo,
Como é comum no jovem a ação insensata.
Vem, vamos falar ao rei; ele deve ser informado.
Manter segredo vai nos causar mais desprazer
Do que a ira que esta revelação pode trazer. *(Saem.)*

Cena II

Um aposento no castelo. (Entram o Rei, a Rainha, Rosencrantz, Guildenstern e Cortesãos.)

Rei: Bem-vindos, caros Rosencrantz e Guildenstern!
Além da nossa ânsia de revê-los,
O motivo de chamá-los com urgência
Foi necessitarmos de seus préstimos. Devem ter ouvido alguma coisa
Sobre a metamorfose de Hamlet.
Metamorfose é a palavra certa,
Pois nem exterior, nem interiormente ele é mais o que foi.
Não sei que coisa o poderá ter afastado tanto do entendimento de si mesmo,
Além da morte do pai.
Peço aos dois, criados com Hamlet desde a infância,
E próximos dele pela idade e modo de ser,
Que permaneçam em nossa corte por certo tempo,
Pra que se divirta um pouco com vocês,
E pra que descubram, surgindo a ocasião,
Indícios que esclareçam o que o aflige,
Permitindo-nos dar remédio à sua aflição.
Rainha: Bondosos cavalheiros, ele nos fala sempre dos senhores;
Estou certa de que não há no mundo outras pessoas
A quem esteja mais ligado. Se tiverem a cortesia,
E a extrema boa vontade, de ficar algum tempo aqui conosco,

Pra ajudar e inspirar nossa esperança,
A visita e a atenção receberão reconhecimento
Correspondente ao que se espera da memória de um rei.
Rosencrantz: Majestades,
Dado o poder soberano que têm sobre nós,
Poderiam exprimir esse honroso convite
Mais como um comando do que uma sugestão.
Guildenstern: Mas obedecemos ambos,
E nos curvamos ambos,
Colocando a vossos pés toda nossa disposição
De ser comandados.
Rei: Obrigado, Rosencrantz – e gentil Guildenstern.
Rainha: Obrigada, Guildenstern – e gentil Rosencrantz.
Suplico que visitem imediatamente
Meu filho tão transtornado.
(Aos Cortesãos.) Alguns dos senhores aí,
Levem esses cavalheiros aonde estiver Hamlet.
Guildenstern: Os céus permitam que nossa presença
E nossos atos sejam úteis e agradáveis a ele.
Rainha: Assim seja. Amém. *(Saem Rosencrantz, Guildenstern e Cortesãos. Entra Polônio.)*
Polônio: Meu bom senhor, estão aí de volta
Nossos bem-sucedidos embaixadores na Noruega.
Rei: Você sempre foi o pai de boas notícias.
Polônio: É mesmo, senhor? Posso assegurar ao bom soberano
Que o meu dever e a minha alma
Estão sempre a serviço de Deus e do meu rei.
E, a não ser que este meu cérebro
Tenha perdido a astúcia que já teve,
Eu penso ter achado a causa verdadeira
Da loucura de Hamlet.
Rei: Oh, me fala disso; quero muito saber.
Polônio: Senhor, dê primeiro atenção aos embaixadores;
Minhas notícias serão a sobremesa do nosso festim.

Rei: Então você também deve servir a entrada.
(Sai Polônio.)
Ele me diz, Gertrudes, ter encontrado
A fonte ou a causa da perturbação do teu filho.
Rainha: Duvido que haja outra causa além do essencial;
A morte do pai e o nosso apressado matrimônio.
Rei: Vamos ter que ver isso com cuidado.
(Entram Polônio, Voltimando e Cornélio.)
Bem-vindos, bons amigos!
Então, Voltimando, que nos traz de nosso irmão da Noruega?
Voltimando: A mais ampla retribuição de cumprimento e votos.
Assim que nos ouviu, mandou ordens ao sobrinho
Pra suspender todo o recrutamento,
Que tinha autorizado como preparação contra os polacos
Mas que, com nossa informação,
Verificou que era contra Vossa Alteza. Indignado
Por ver sua doença, idade e impotência
Abusadas assim, o rei expediu logo ordens de arresto contra Fortinbrás.
Este obedece sem tardar, recebe censura pública do tio
E, finalmente, promete ao rei, jura,
Jamais tentar a fortuna das armas contra Vossa Majestade.
Diante disso, o velho monarca, possuído de júbilo,
Lhe dá três mil coroas de renda anual,
E a permissão de usar contra a Polônia
Os soldados até aí já recrutados.
O rei então nos fez uma petição,
Aqui amplamente detalhada *(Dá um papel ao Rei.)*,
Requerendo, pra essa expedição, se vos aprouver,
Passagem pacífica por vossos domínios
Com as garantias de segurança e reciprocidade
Aí expressas.
Rei: Estamos satisfeitos;

E, assim que tivermos vagares,
Leremos a proposta, refletiremos e responderemos.
Mas desde já agradecemos pelo excelente resultado
do esforço que fizeram.
Descansem um pouco; festejaremos juntos, esta noite.
Mais uma vez, bem-vindos! (*Saem Voltimando e Cornélio.*)
Polônio: O assunto, afinal, terminou bem.
Meu soberano e minha senhora; especular
O que é a majestade, o que é o dever,
Por que o dia é dia, a noite noite, e o tempo tempo,
É apenas desperdiçar o dia, a noite e o tempo.
Portanto, já que a concisão é a alma do argumento
E o tédio mortal seu corpo e membros,
Devo ser breve: vosso nobre filho está louco.
Eu digo louco; mas como definir a verdadeira loucura?
Loucura não é mais do que estar louco.
Mas paremos aí.
Rainha: É. Menos arte e mais substância.
Polônio: Madame, juro que não uso arte alguma.
Que Hamlet está louco é verdade. É verdade lamentável.
E lamentável ser verdade; uma louca retórica.
Mas adeus a essa arte.
Louco então: estejamos de acordo.
Falta achar a causa desse efeito,
Melhor dizer, causa desse defeito,
Pois mesmo um efeito defeituoso há de ter uma causa.
Sendo isso o que sobra, nada resta.
Ponderem.
Eu tenho uma filha – tenho enquanto for minha –
Que, por dever e obediência, notem bem,
Me entregou isto. *(Mostra uma carta.)*
Rogo que escutem e concluam.
(Lê.) "Ao ídolo celestial da minha alma,
À belíssima Ofélia..."
Uma expressão falsa, uma invenção vulgar – belíssima;

(Lê.) "Que ela, na excelsa alvura nívea de seu seio..." Etc.
Rainha: Foi Hamlet quem mandou isso?
Polônio: Boa senhora, um só momento. Leitura textual!
(Lê.) "Duvida que o sol seja a claridade,
Duvida que as estrelas sejam chama,
Suspeita da mentira na verdade,
Mas não duvida deste que te ama!
Oh, cara Ofélia, sou tão ruim com os versos.
Suspiros sem inspiração.
Mas que eu te amo com um amor supremo,
Crê – meu supremo encanto.
Adeus –
Teu para todo o sempre, dama queridíssima,
Enquanto a máquina deste corpo me pertencer,
Hamlet."
Isto minha filha me mostrou – por obediência.
E ainda confiou aos meus ouvidos as solicitações do Príncipe;
Como aconteceram, em que lugar, e quando.
Rei: E como ela acolheu essas formulações de amor?
Polônio: O que é que o senhor pensa de mim?
Rei: Que és um homem fiel e honrado.
Polônio: É o que gostaria de demonstrar. Que pensaria o senhor,
Se eu, vendo esse ardente amor começar a bater asas,
E eu percebi, lhe digo, antes que minha filha me falasse,
Que diria o senhor, e a minha cara Rainha aqui presente,
Se eu tivesse assumido o papel do leva-e-traz,
Olhasse esse amor com olhar complacente,
Ou pelo menos bancasse o surdo-mudo?
Que pensariam de mim? Não...
Fui direto ao assunto, e falei assim à minha donzela:
"Lord Hamlet é um príncipe, fora da tua órbita,
Isto não pode ser". Ordenei que se afastasse dele,
Lhe evitasse as visitas, não recebesse mensagens,
E recusasse lembranças. O que ela fez,

Colhendo os frutos de meus bons conselhos.
Ele, repudiado – vou encurtar a história –
Caiu em melancolia, depois em inapetência;
Logo na insônia; daí em fraqueza; afinal, em delírio.
E, por esse plano inclinado, na loucura em que se agita agora;
E que todos deploramos.
Rei: *(À Rainha.)* Acha que é isso?
Rainha: Pode ser. É bem possível.
Polônio: Houve alguma vez – me digam, por favor –
Em que eu declarasse firmemente: "É isto",
Quando a coisa era outra?
Rei: Não, que eu saiba.
Polônio: *(Apontando pra cabeça e ombros.)*
Separe isto, disto,
Se for de outra maneira;
Se as circunstâncias me ajudarem,
Eu acharei a verdade,
Mesmo que esteja escondida no centro da Terra.
Rei: O que devemos fazer pra nos certificarmos?
Polônio: O senhor sabe, algumas vezes ele vagueia
Horas seguidas, aí na galeria.
Rainha: É mesmo – é verdade.
Polônio: Numa ocasião dessas eu solto minha filha pra ele,
Nós dois, escondidos atrás de uma tapeçaria,
Assistiremos ao encontro. Se ele não a ama,
E se essa não é a causa de ter perdido a razão,
Deixo de ser Conselheiro do Estado.
E vou ser fazendeiro, tratador de animais.
Rei: Vamos tentar a prova.
Rainha: Mas, olha, aí vem ele, tão triste, lendo; o meu pobre coitado!
Polônio: Saiam, por favor, me deixem só com ele.
Vou falar com ele agora. Oh, eu suplico. *(Saem o Rei, a Rainha e o séquito. Entra Hamlet, livro na mão.)*
Como está o meu bom príncipe Hamlet?

Hamlet: Bem, Deus seja louvado.
Polônio: O senhor me conhece, caro Príncipe?
Hamlet: Até bem demais; você é um rufião.
Polônio: Não eu, meu senhor!
Hamlet: Que pena; me parece igualmente honesto no que faz.
Polônio: Honesto, senhor?
Hamlet: E ser honesto, hoje em dia, é ser um em dez mil.
Polônio: Isso é bem verdade, meu senhor.
Hamlet: Pois mesmo o sol, tão puro, gera vermes num cachorro.
Deuses gostam de beijar carniça... O senhor tem uma filha?
Polônio: Tenho sim, meu senhor.
Hamlet: Não deixe que ela ande no sol. A concepção
É uma bênção; mas não como sua filha pode conceber...
Amigo, toma cuidado.
Polônio: *(À parte.)* O que é que ele diz? Acaba sempre em minha filha. E a princípio nem me conheceu – disse que eu era um rufião. Ele está longe, muito longe. Contudo, devo compreender, pois, na minha mocidade, também sofri muito de amor – cheguei bem perto disso. Vou falar de novo com ele. *(A Hamlet.)* O que é que está lendo, meu Princípe?
Hamlet: Palavras, palavras, palavras.
Polônio: Mas, e qual é a intriga, meu senhor?
Hamlet: Intriga de quem?
Polônio: Me refiro à trama do que lê, meu Príncipe.
Hamlet: Calúnias, meu amigo. O cínico sem-vergonha diz aqui que os velhos têm barba grisalha e pele enrugada; que os olhos deles purgam goma de âmbar e resina de ameixa; que não possuem nem sombra de juízo; e que têm bunda mole! É claro, meu senhor, que embora tudo isso seja verdadeiro, e eu acredite piamente em tudo, não aprovo nem acho decente pôr isso no papel. Pois o senhor mesmo ficaria tão velho quanto eu se, como o caranguejo, se pudesse a avançar de trás pra frente.

Polônio: *(À parte.)* Loucura, embora tem lá o seu método. *(Pra Hamlet.)* O senhor precisa evitar completamente o ar, meu Príncipe.

Hamlet: Entrando na tumba?

Polônio: Realmente, não há melhor proteção. *(À parte.)* Que respostas precisas! Achados felizes da loucura; a razão saudável nem sempre é tão brilhante. Vou deixá-lo agora e arranjar logo um encontro entre ele e minha filha. *(Pra Hamlet.)* Meu honrado Príncipe, não quero mais roubar seu tempo.

Hamlet: Não há nada que o senhor me roubasse que me fizesse menos falta.

Exceto a vida, exceto a vida, exceto a vida!

Polônio: Passe bem, senhor.

Hamlet: Esses velhos estúpidos e fastidiosos! *(Entram Rosencrantz e Guildenstern.)*

Polônio: Conversem com o Príncipe. Ele está aí.

Rosencrantz: *(A Polônio.)* Deus o tenha, senhor. *(Sai Polônio.)*

Guildenstern: Meu honrado Príncipe.

Rosencrantz: Meu honrado Príncipe.

Hamlet: Excelentes amigos. Como está você, Guildenstern?

Ah, Rosencrantz! Como vão ambos, meus camaradões?

Rosencrantz: Como os mais comuns filhos da Terra.

Guildenstern: Felizes por não sermos excessivamente felizes.

No barrete da fortuna nós não somos o penacho.

Hamlet: Nem a sola do sapato.

Rosencrantz: Também, senhor!

Hamlet: Quer dizer, vocês vivem na cintura dela; bem ali, no botão de seus favores.

Guildenstern: Sim, temos algumas intimidades.

Hamlet: Com as partes pudendas da Fortuna!

Ah, a velha rameira!

Quais são as novidades?

Rosencrantz: Nenhuma, senhor, senão que o mundo está ficando honesto.

Hamlet: Então se aproxima o fim do mundo. Mas essa notícia não é verdade. Deixem que os interrogue com cuidado: o que é que vocês fizeram com a Fortuna pra ela jogá-los nesta prisão?

Guildenstern: Prisão, meu senhor?!

Hamlet: A Dinamarca é uma prisão!

Rosencrantz: Então o mundo também.

Hamlet: Uma enorme prisão, cheia de células, solitárias e masmorras – a Dinamarca é das piores.

Rosencrantz: Não pensamos assim, meu senhor.

Hamlet: Então pra você não é. Não há nada de bom ou mau sem o pensamento que o faz assim. Pra mim é uma prisão.

Rosencrantz: Não será sua ambição que faz que ela seja? Vai ver a Dinamarca é pequena demais pro seu espírito.

Hamlet: Oh, Deus, eu poderia viver recluso numa casca de noz e me achar o rei do espaço infinito se não tivesse maus sonhos.

Guildenstern: Sonhos que são, de fato, a ambição. A substância do ambicioso é a sombra de um sonho.

Hamlet: O sonho em si mesmo é somente uma sombra.

Rosencrantz: Verdade. E a ambição, tão frágil e ligeira, apenas a sombra de uma sombra.

Hamlet: Então só nossos mendigos são corpos, e nossos assombrosos monarcas não mais que sombra deles. É melhor irmos à corte. Porque, por minha fé, já não sei raciocinar.

Rosencrantz & Guildenstern: Nos colocamos às suas ordens.

Hamlet: Nada disso. Não desejo ordená-los; não quero sacerdotes. Pra falar com honestidade, ando mal servido e desordenado. Mas, voltando à velha estrada da amizade, que vieram vocês fazer aqui em Elsinor?

Rosencrantz: Visitá-lo, senhor. Nenhum outro motivo.

Hamlet: Sou um mendigo e mais pobre ainda em agradecimentos. Mas, muito obrigado, embora esse obrigado não valha um níquel furado. Vocês não foram chamados? Vieram por vontade própria? Visita espontânea? Vamos, falem comigo francamente. Vamos, vamos – vai, fala!

Guildenstern: Que podemos dizer, meu senhor?

Hamlet: Ué, qualquer coisa – que não fuja à questão. Vocês foram chamados. A diplomacia com que agem não consegue esconder o brilho de confissão que têm no olhar. Eu sei que o bom Rei, e a Rainha, chamaram vocês.

Rosencrantz: Com que fim, meu senhor?

Hamlet: É o que vão me explicar. Mas suplico seriamente, pelos compromissos de nossa camaradagem, pelos laços de nossa juventude, pelas obrigações de uma amizade nunca interrompida e por tudo que um negociador mais hábil do que eu pudesse lembrar: sejam francos, sem rodeios. Foram ou não foram chamados?

Rosencrantz: *(À parte, pra Guildenstern.)* O que é que você diz?

Hamlet: *(À parte.)* Ahn, estou de olho em vocês. *(Aos dois.)* Se me têm estima, não demorem em silêncio.

Guildenstern: Meu Príncipe, fomos chamados.

Hamlet: Vou lhes dizer por quê: assim minha antecipação evitará que confessem, e o segredo prometido ao Rei e à Rainha não perderá nem uma pluma. Ultimamente – e por que, não sei – perdi toda alegria, abandonei até meus exercícios, e tudo pesa de tal forma em meu espírito, que a Terra, essa estrutura admirável, me parece um promontório estéril; esse maravilhoso dossel que nos envolve, o ar, olhem só, o esplêndido firmamento sobre nós, majestoso teto incrustado com chispas de fogo dourado, ah, pra mim é apenas uma aglomeração de vapores fétidos, pestilentos. Que obra-prima é o homem! Como é nobre em sua razão! Que capacidade infinita! Como é preciso e benfeito em forma e movimento! Um anjo na ação! Um deus no entendimento, paradigma dos animais, maravilha do mundo. Contudo, pra mim, é apenas a quintessência do pó. O homem não me satisfaz; não, nem a mulher também, se sorri por causa disso.

Rosencrantz: Senhor, não há nada assim em meu pensamento.

Hamlet: Então por que riu quando eu falei que o homem não me satisfaz?

Rosencrantz: Pensei, senhor, que se o homem não o satisfaz, os comediantes que vêm lhe oferecer divertimento na quaresma não devem esperar boa recepção. Passamos por eles na estrada. Estão chegando.

Hamlet: O que representa o rei será bem-vindo; essa majestade receberá meu tributo; o cavaleiro deverá usar o florete e o escudo; o amoroso não vai suspirar grátis; o ator característico terminará sua parte em paz; o bufão fará rir os que têm pulmões fáceis; e a dama poderá dizer tudo que pensa livremente. Que atores são esses?

Rosencrantz: Aqueles mesmos com que o senhor se divertia tanto; os trágicos da cidade.

Hamlet: E por que viajam? Permanecendo em Wittenberg lucrariam muito mais, tanto em reputação quanto em proventos.

Rosencrantz: Houve alguma proibição pra eles devido ao que representam.

Hamlet: Continuam com o mesmo prestígio que tinham quando eu estava na cidade? Ainda são solicitados?

Rosencrantz: Não. Realmente não.

Hamlet: Por que isso? Enferrujaram?

Rosencrantz: Não, continuam a trabalhar com o mesmo empenho. Mas é que existe agora, senhor, uma ninhada de fedelhos, filhotes de falcão, que berram textos com a voz esganiçada e são barbaramente aplaudidos. Estão na moda, e tanto vituperam contra o que eles chamam de teatro vulgar, que muito marmanjão de espada à cinta não frequenta mais nossos teatros com medo das críticas desses plumitivos.

Hamlet: Mas, são crianças mesmo? E quem as mantém? São pagos como? Ficarão na profissão só enquanto têm voz? Não vão dizer depois, quando se tornarem atores comuns – o que é bem provável se não tiverem outros recursos –, que os escritores agiram mal com eles, fazendo-os agredidos seu próprio futuro?
Rosencrantz: É, o fato é que já houve muito aborrecimento em ambos os lados, mas ninguém no país acha pecado alimentar a controvérsia. Durante certo tempo não se ganhava um soldo numa peça se autor e ator não se pegassem a pau por essa questão.
Hamlet: É possível?
Guildenstern: Oh, o que houve por aí de cabeça rachada!
Hamlet: E os garotos venceram?
Rosencrantz: Venceram mesmo, meu senhor; carregaram Hércules, com seu fardo e tudo.
Hamlet: Não é tão estranho; meu tio agora é rei da Dinamarca, e muitos que faziam caretas pra ele enquanto meu pai era vivo, hoje dão vinte, quarenta, cinquenta, até cem ducados por um retrato dele em miniatura. Pelo sangue de Deus! Há nisso alguma coisa sobrenatural que a filosofia não consegue explicar. *(Trombetas fora de cena.)*
Guildenstern: Aí estão os atores.
Hamlet: Cavalheiros, sejam bem-vindos a Elsinor. Meu aperto de mão. A demonstração de uma boa acolhida é a cortesia e a cerimônia. Permitam-me que cumpra com vocês o ritual, pra que a minha acolhida aos atores (a qual, lhes digo, deve se revestir de certa pompa) não pareça superior à que lhes dedico. Vocês são bem-vindos; mas meu tio-pai e minha mãe-tia estão enganados.
Guildenstern: Em que, estimado senhor?
Hamlet: Eu só sou louco a Norte-noroeste; quando o vento é do Sul distingo um gavião de um falcão. *(Entra Polônio.)*
Polônio: Saúde, senhores!

Hamlet: Ouça bem, Guildenstern *(Para Rosencrantz.)*, e você também – em cada orelha um ouvinte: esse bebê grande que estão vendo aí ainda não saiu dos cueiros...
Rosencrantz: Talvez tenha conseguido uma nova entrada; a velhice não é uma segunda infância?
Hamlet: Aposto como veio me anunciar aos atores; repara só. Têm toda razão, amigos; na segunda-feira de manhã; foi isso mesmo!
Polônio: Meu senhor, tenho novidades a lhe comunicar.
Hamlet: Meu senhor, tenho novidades a *lhe* comunicar. Quando o grande Roscius era ator em Roma...
Polônio: Estão aí os atores, meu senhor.
Hamlet: Ora, ora!
Polônio: Belo repertório. É impressionante o que eles montaram.
Hamlet: Entre nós, já montaram num burro.
Polônio: Os melhores atores do mundo, seja na tragédia, na comédia, história, pastoral, pastoral-cômica, histórico-pastoral, trágico-histórico, trágico-histórico-pastoral-cômico, com unidade de tempo e espaço, ou poema ilimitado. A tragédia de Sêneca não muito pesada, e a comédia de Plauto não demasiado leve. Tanto no respeito aos textos quanto nas liberdades que tomam, eles são únicos.
Hamlet: Ó, Jefté, juiz de Israel, que tesouro tu tinhas!
Polônio: Que tesouro ele tinha, meu senhor?
Hamlet: Uma linda filha, filha única,
Que ele amava mais que tudo.
Polônio: *(À parte.)* Sempre a minha filha.
Hamlet: Condenada ao celibato. Não é verdade isso, velho Jefté?
Polônio: Se o senhor me chama de Jefté, meu Príncipe, tenho uma filha que amo acima de tudo.
Hamlet: Não, a sequência não era essa.
Polônio: Qual então a sequência, meu senhor?
Hamlet: Bem,

"Se vier é porque Deus quer"
e aí segue, você sabe,
"Só te acontece o que merece"

A primeira estrofe dessa velha balada vai te ensinar muito mais, porque... Aqui há uma diversão. *(Entram quatro ou cinco atores.)*

São muito bem-vindos, mestres; bem-vindos todos; estou contente em vê-los tão bem; bem-vindos, bons amigos. Oh, meu velho camarada, teu rosto passou a usar cortina, desde a última vez em que te vi. Fizeste isso pra eu poder rir nas tuas barbas? *(A um ator vestido de mulher.)* Olá, jovem dona e senhora. Pela madona, está um salto de coturno mais perto do céu do que quando a vi da última vez. Queira Deus que o timbre da sua voz não esteja rachado, como o das nossas moedas de ouro. Mestres, são muito bem-vindos. Como os falcoeiros franceses, quero vê-los voar sobre a primeira presa que surja. Vamos ouvir logo alguma coisa. Uma provadinha do talento de vocês. Uma fala apaixonada.

Primeiro ator: Que fala, meu bom senhor?

Hamlet: Eu já ouvi você dizendo um trecho – que nunca foi posto em cena, ou foi só uma vez, pois a peça, eu me lembro, não era pra multidões. Caviar pro populacho. Mas era (pelo que entendi, e entenderam outros, cujo julgamento nessa matéria grita mais alto que o meu) um drama excelente, com cenas bem distribuídas, e realizadas com contenção e habilidade. Recordo alguém dizer que faltava algo picante no texto pra torná-lo mais digerível, embora não tivesse também nenhuma frase pela qual se pudesse acusar o autor de afetação. A mesma pessoa reconheceu um roteiro honesto, tão agradável quanto sadio, porém mais bonito do que refinado. Tinha lá esse trecho que eu apreciava muito: é o relato que Enéas faz a Dido, principalmente a parte onde fala do assassinato de Príamo. Se isso ainda vive em tua memória, começa neste verso, deixa eu ver, deixa eu ver...

"O hirsuto Pirro, como o tigre da Hircânia..."
Não é isso. Mas começa com Pirro:
"O hirsuto Pirro, cujas armas negras,
Fúnebres como seu intento, semelhavam a noite,
Ali dentro, agachado no fatal cavalo,
Tinha pintado de cores mais sinistras
Sua já, por sinistra, renomada heráldica.
Da cabeça aos pés está todo vermelho,
Horrendamente tinto pelo sangue de pais, mães, filhas e filhos,
Cozido e retostado pelas ruas em chamas
Que iluminavam, com luz diabólica,
Os seus vis assassinos. Assado em ódio e fogo,
A estatura ampliada pelo sangue coagulado,
Esse Pirro infernal de olhos de rubi
Caçava o velho Príamo."
Continua você.

Polônio: Por Deus, meu senhor, muito bem-declamado, bem-pronunciado e no tom exato.

Primeiro ator: "E logo o encontra
Desferindo nos gregos os seus golpes cansados;
A velha espada, já rebelde ao seu braço,
Cai onde entende, e onde cai demora,
Repugnando o comando. Combate desigual!
Pirro se arroja contra Príamo; cego de ódio, só atinge o vácuo;
Mas basta o sopro e o sibilar da espada em fúria
Pra derrubar o alquebrado rei. Como sentindo o golpe,
A Troia inanimada precipita nas rochas os seus tetos em chama,
E, com um estrondo horrendo, petrifica os ouvidos de Pirro.
E vejam então; o ferro que se abatia sobre a cabeça láctea do venerando Príamo:
Está cravado no ar, e Pirro não faz nada,

Imobilizado entre seu objetivo e sua intenção,
Igual a um tirano eternizado em vitral.
Como vemos, às vezes, antes de um temporal,
Há silêncio nos céus, as nuvens ficam imóveis,
Ventos selvagens passam mudos,
E a terra gira como morta, antes que súbito,
Brutal, um trovão gigantesco rasgue o espaço.
Assim, depois da pausa, a vingança sanguinária
Retoma a mão de Pirro.
Jamais os martelos dos Cíclopes malharam
A couraça de Marte, ao forjá-la pra eternidade,
Com menos remorso do que a espada ensanguentada de Pirro
Tomba agora sobre Príamo.
Fora, fora, fortuna traiçoeira! Ó deuses, vocês todos,
Reunidos em assembleia, arrebatem-lhe o poder
Quebrem pinos, e raios, e juntas de sua roda,
E façam a esfera rolar das escarpas do céu
Ao fundo dos demônios!"

Polônio: Isso é muito comprido.

Hamlet: Levamos ao barbeiro com a tua barba. *(Ao primeiro ator.)* Por favor, continua – esse, se não é uma farsa ou uma história obscena, dorme logo. Vamos lá – à Hécuba.

Primeiro ator: "Mas que, oh, quem tivesse visto a rainha em sufíbulo..."

Polônio: "A rainha em sufíbulo."

Hamlet: Em sufíbulo: com o véu das vestais. É bom. É bom.

Primeiro ator: "Correr agora descalça, sem destino, ameaçando as chamas
Com seu pranto cego, coberta por um trapo
A cabeça onde há pouco havia um diadema,
E protegendo os flancos descarnados
E o ventre exaurido
Pela voraz fecundidade de cem filhos
Apenas com uma manta qualquer arrebatada na confusão do pânico,

Quem visse isso embeberia a língua de veneno
Pra condenar a Fortuna por traição.
E se os próprios deuses a vissem, no momento
Em que encontrou Pirro no perverso prazer
De esquartejar corpo e membros do esposo,
O urro animal que explodiu de dentro dela
Teria umedecido de lágrimas os olhos áridos do céu,
E movido esses deuses à piedade,
Por menos que se comovam com as dores humanas."

Polônio: *(À parte.)* Mas vejam se não mudou de cor? Se não tem lágrimas nos olhos? *(Ao primeiro ator.)* Por favor, basta.

Hamlet: Está bem; daqui a pouco te farei recitar o resto. *(A Polônio.)* Meu bom amigo, faça com que todos fiquem bem-instalados. Está ouvindo?; que sejam bem-cuidados, pois são a crônica sumária e abstrata do tempo. É preferível você ter um mau epitáfio depois de morto do que ser difamado por eles, enquanto vivo.

Polônio: Pode deixar, senhor, serão tratados como merecem.

Hamlet: Que é isso? Trate-os melhor. Se tratarmos as pessoas como merecem, nenhuma escapa ao chicote. Trata-os da forma que consideras tua própria medida. Quanto menos merecerem, mais meritória será tua generosidade. Acompanha-os.

Polônio: Venham, senhores.

Hamlet: Sigam-no, amigos; a representação será amanhã. *(Sai Polônio com os atores, menos o Primeiro.)* Escuta, velho amigo, vocês podem representar "O Assassinato de Gonzaga"?

Primeiro ator: Sim, meu senhor.

Hamlet: Então quero essa peça amanhã. E você poderá, se necessário, decorar uma fala de doze ou dezesseis versos escritos por mim e intercalá-los na peça?

Primeiro ator: Sim, meu senhor.

Hamlet: Muito bem. Vai te juntar aos teus. E que não zombem do velho. *(Sai o Primeiro Ator. A Rosencrantz e Guildenstern.)* Meus bons amigos, eu os deixo até a noite. Mais uma vez, bem-vindos a Elsinor.

Rosencrantz: Meu bom senhor!

Hamlet: Deus vos acompanhe. *(Saem Rosencrantz e Guildenstern.)*

Agora estou só.
Oh, que ignóbil eu sou, que escravo abjeto!
Não é monstruoso que esse ator aí,
Por uma fábula, uma paixão fingida,
Possa forçar a alma a sentir o que ele quer,
De tal forma que seu rosto empalidece,
Tem lágrimas nos olhos, angústia no semblante,
A voz trêmula, e toda sua aparência
Se ajusta ao que ele pretende? E tudo isso por nada!
Por Hécuba!
O que é Hécuba pra ele, ou ele pra Hécuba,
Pra que chore assim por ela? Que faria ele
Se tivesse o papel e a deixa da paixão
Que a mim me deram? Inundaria de lágrimas o palco
E estouraria os tímpanos do público com imprecações horrendas,
Enlouquecendo os culpados, aterrorizando os inocentes,
Confundindo os ignorantes; perturbando, na verdade,
Até a função natural de olhos e ouvidos.
Mas eu,
Idiota inerte, alma de lodo,
Vivo na lua, insensível à minha própria causa,
E não sei fazer nada, mesmo por um rei
Cuja propriedade e vida tão preciosa
Foram arrancadas numa conspiração maldita.
Sou então um covarde? Quem me chama canalha?
Me arrebenta a cabeça, me puxa pelo nariz,
E me enfia a mentira pela goela até o fundo dos pulmões?

Hein, quem me faz isso?
Pelas chagas de Cristo, eu o mereço!
Pois devo ter fígado de pomba, sem o fel
Que torna o insulto amargo,
Ou já teria alimentado todos os abutres destes céus
Com as vísceras desse cão.
Ah, vilão obsceno e sanguinário!
Perverso, depravado, traiçoeiro, cínico, canalha!
Ó, vingança!
Mas que asno eu sou! Bela proeza a minha.
Eu, filho querido de um pai assassinado,
Intimado à vingança pelo céu e o inferno,
Fico aqui, como uma marafona,
Desafogando minha alma com palavras,
Me satisfazendo com insultos; é; como uma meretriz;
Ou uma lavadeira!
Maldição! Oh! Trabalha, meu cérebro! Ouvi dizer
Que certos criminosos, assistindo a uma peça,
Foram tão tocados pelas sugestões das cenas,
Que imediatamente confessaram seus crimes;
Pois embora o assassinato seja mudo,
Fala por algum órgão misterioso. Farei com que esses atores
Interpretem algo semelhante à morte de meu pai
Diante de meu tio,
E observarei a expressão dele quando lhe tocarem
No fundo da ferida.
Basta um frêmito seu – e sei o que fazer depois.
Mas o espírito que eu vi pode ser o demônio.
O demônio sabe bem assumir formas sedutoras
E, aproveitando minha fraqueza e melancolia,
– Tem extremo poder sobre almas assim –
Talvez me tente para me perder.
Preciso de provas mais firmes do que uma visão.
O negócio é a peça – que eu usarei
Pra explodir a consciência do rei.

ATO III

Cena I

Elsinor. Sala do Castelo. (Entram o Rei, a Rainha, Polônio, Ofélia, Rosencrantz e Guildenstern.)

Rei: Mas os senhores não conseguem, com algum subterfúgio,
Arrancar dele o motivo desse agir estranho
Que lançou a tranquilidade de sua vida
Na perigosa turbulência da loucura?

Rosencrantz: Ele confessa sentir-se perturbado;
Mas se recusa a revelar a causa.

Guildenstern: Nem está inclinado a discutir o assunto;
É uma loucura esperta, com a qual escapa,
Toda vez que o pressionamos
A revelar seu verdadeiro estado.

Rainha: Ele os recebeu bem?

Rosencrantz: Um perfeito cavalheiro!

Guildenstern: Mas forçando visivelmente a própria disposição.

Rosencrantz: Avaro nas perguntas,
Porém até excessivo quando nos respondia.

Rainha: Os senhores o convidaram para algum
passatempo?

Rosencrantz: Acontece, senhora, que encontramos um grupo de atores
No caminho; contamos isso a ele que, ao ouvir,
Demonstrou certa alegria. Os atores estão aí,
Na corte, e já receberam ordens de representar
Pra ele, hoje à noite.

Polônio: É verdade.
E me pediu que convidasse vossas majestades
Pra ver e ouvir a coisa.

Rei: De todo coração; fico muito contente
Em sabê-lo assim disposto.
Bons senhores, animem-no, empurrem-no,
Pra que tire prazer dessa inclinação.
Rosencrantz: Nós o faremos, senhor. *(Saem Rosencrantz e Guildenstern.)*
Rei: Doce Gertrudes, deixe-nos também, agora:
Em segredo, provocamos Hamlet a vir aqui
Onde, por pura obra do acaso,
Vai encontrar Ofélia.
Eu e o pai dela, espiões por seu bem,
Vendo sem ser vistos,
Poderemos julgar o encontro livremente,
Verificando, pela conduta dele,
Se é por aflições do amor, ou não,
Que ele sofre tanto.
Rainha: Eu obedeço.
E quanto a ti, Ofélia, tudo que anseio
É que tua terna beleza
Seja a feliz razão do transtorno de Hamlet.
Como anseio também que, por tuas virtudes,
Ele volte tranquilo ao caminho normal:
E para honra de ambos.
Ofélia: Madame, eu também o desejo. *(Rainha sai.)*
Polônio: Você fica aqui, Ofélia. *(Ao Rei.)* E se apraz
A Vossa Graça, nos escondemos ali.
(Para Ofélia.) Você lê este breviário
Pra que o exercício espiritual
Dê algum colorido à tua solidão,
Vamos ser acusados de coisa já tão provada;
Com um rosto devoto e alguns gestos beatos,
Açucaramos até o demônio.
Rei: *(À parte.)* Oh, como isso é verdade!
Que ardente chicotada em minha consciência é esse discurso.

A face da rameira, embelezada por cosméticos,
Não é mais feia para a tinta que a ajuda
Do que meu feito pra minha palavra mais ornamentada.
Oh, fardo esmagador!
Polônio: Ele vem vindo. Vamos nos retirar, senhor.
(Saem Polônio e o Rei.)
Hamlet: Ser ou não ser – eis a questão.
Será mais nobre sofrer na alma
Pedradas e flechadas do destino feroz
Ou pegar em armas contra o mar de angústias –
E, combatendo-o, dar-lhe fim? Morrer; dormir;
Só isso. E com o sono – dizem – extinguir
Dores do coração e as mil mazelas naturais
A que a carne é sujeita; eis uma consumação
Ardentemente desejável. Morrer – dormir –
Dormir! Talvez sonhar. Aí está o obstáculo!
Os sonhos que hão de vir no sono da morte
Quando tivermos escapado ao tumulto vital
Nos obrigam a hesitar: e é essa reflexão
Que dá à desventura uma vida tão longa.
Pois quem suportaria o açoite e os insultos do mundo,
A afronta do opressor, o desdém do orgulhoso,
As pontadas do amor humilhado, as delongas da lei,
A prepotência do mando, e o achincalhe
Que o mérito paciente recebe dos inúteis,
Podendo, ele próprio, encontrar seu repouso
Com um simples punhal? Quem aguentaria fardos,
Gemendo e suando numa vida servil,
Senão porque o terror de alguma coisa após a morte –
O país não descoberto, de cujos confins
Jamais voltou nenhum viajante – nos confunde a vontade,
Nos faz preferir e suportar os males que já temos,
A fugirmos pra outros que desconhecemos?
E assim a reflexão faz todos nós covardes.
E assim o matiz natural da decisão

Se transforma no doentio pálido do pensamento.
E empreitadas de vigor e coragem,
Refletidas demais, saem de seu caminho,
Perdem o nome de ação. *(Vê Ofélia rezando.)*
Mas, devagar, agora!
A bela Ofélia!
(Para Ofélia.) Ninfa, em tuas orações
Sejam lembrados todos os meus pecados.
Ofélia: Meu bom senhor,
Como tem passado todos esses dias?
Hamlet: Lhe agradeço humildemente. Bem, bem, bem.
Ofélia: Meu senhor, tenho comigo umas lembranças suas
Que desejava muito lhe restituir.
Rogo que as aceite agora.
Hamlet: Não, eu não;
Nunca lhe dei coisa alguma.
Ofélia: Respeitável senhor, sabe muito bem que deu;
E acompanhadas por palavras de hálito tão doce
Que as tornaram muito mais preciosas. Perdido o perfume,
Aceite-as de volta; pois, pra almas nobres,
Os presentes ricos ficam pobres
Quando o doador se faz cruel.
Eis aqui, meu senhor. *(Dá os presentes a ele.)*
Hamlet: Ah, ah! Você é honesta?
Ofélia: Meu senhor?!
Hamlet: Você é bonita?
Ofélia: O que quer dizer Vossa Senhoria?
Hamlet: Que se você é honesta e bonita, sua honestidade não deveria admitir qualquer intimidade com a beleza.
Ofélia: Senhor, com quem a beleza poderia ter melhor comércio do que com a virtude?
Hamlet: O poder da beleza transforma a honestidade em meretriz mais depressa do que a força da honestidade faz a beleza se assemelhar a ela. Antigamente isso era um paradoxo, mas no tempo atual se fez verdade. Eu te amei, um dia.

Ofélia: Realmente, senhor, cheguei a acreditar.
Hamlet: Pois não devia. A virtude não pode ser enxertada em tronco velho sem pegar seu cheiro. Eu não te amei.
Ofélia: Tanto maior meu engano.
Hamlet: Vai prum convento. Ou preferes ser geratriz de pecadores? Eu também sou razoavelmente virtuoso. Ainda assim, posso acusar a mim mesmo de tais coisas que talvez fosse melhor minha mãe não me ter dado à luz. Sou arrogante, vingativo, ambicioso; com mais crimes na consciência do que pensamentos para concebê-los, imaginação para desenvolvê-los, tempo para executá-los. Que fazem indivíduos como eu rastejando entre o céu e a terra? Somos todos rematados canalhas, todos! Não acredite em nenhum de nós. Vai, segue pro convento. Onde está teu pai?
Ofélia: Em casa, meu senhor.
Hamlet: Então que todas as portas se fechem sobre ele, pra que fique sendo idiota só em casa. Adeus.
Ofélia: *(À parte.)* Oh, céu clemente, ajudai-o!
Hamlet: Se você se casar, leva esta praga como dote:
Embora casta como o gelo, e pura como a neve, não escaparás
À calúnia. Vai pro teu convento, vai. Ou,
Se precisa mesmo casar, casa com um imbecil. Os espertos sabem muito bem em que monstros vocês os transformam. Vai prum conventilho, um bordel: vai – vai depressa! Adeus.
Ofélia: Ó, poderes celestiais, curai-o!
Hamlet: Já ouvi falar também, e muito, de como você se pinta. Deus te deu uma cara e você faz outra. E você ondula, você meneia, você cicia, põe apelidos nas criaturas de Deus, e procura fazer passar por inocência a sua volúpia. Vai embora – chega – foi isso que me enlouqueceu. Afirmo que não haverá mais casamentos. Os que já estão casados continuarão todos vivos – exceto um. Os outros ficam como estão. Prum bordel – vai! *(Sai.)*

Ofélia: Ó, ver tão nobre espírito assim tão transtornado!
O olho, a língua, a espada do cortesão, soldado, sábio,
Rosa e esperança deste belo reino,
Espelho do gosto e modelo dos costumes,
Admirado pelos admiráveis – caído assim, assim destruído!
E eu, a mais aflita e infeliz das mulheres,
Que suguei o mel musical de suas promessas,
Veio agora essa razão nobre e soberana,
Descompassada e estrídula como um sino rachado e rouco.
A forma incomparável, a silhueta da juventude em flor,
Queimada no delírio! Oh, desgraçada de mim,
Que vi o que vi, vendo o que vejo!
(Entram o Rei e Polônio.)
Rei: Amor! Os sentimentos dele não tendem pra esse lado
E também o que disse, embora meio louco,
Não parece loucura. A melancolia
Incuba alguma coisa em sua alma
Que, ao sair da casca, pode ser perigosa.
Para evitá-lo, determino o seguinte:
Irá pra Inglaterra sem demora,
Reclamar nossos tributos atrasados.
Talvez os mares, países diferentes,
Outras paisagens, expulsem
A mania enraizada em seu coração
Contra a qual seu cérebro luta sem cessar
Deformando-lhe até o modo de ser. Que pensa disso?
Polônio: Uma boa solução. Mas ainda acredito
Que a causa e o começo da desdita de Hamlet
Residam no amor rejeitado. E muito bem, Ofélia!
Não precisa nos contar o que o príncipe disse:
Ouvimos tudo. *(Ao Rei.)* Meu senhor, faz como achar melhor,
Mas, depois do drama, se acredita oportuno,
Deixe que a rainha-mãe, sozinha com ele,
Lhe suplique discutir sua angústia.

Que ela seja franca. Se me permitir,
Estarei oculto: um ouvido a mais na conferência.
Se ela não o desvelar, envie-o à Inglaterra,
Ou mande confiná-lo onde vossa sabedoria achar melhor.
É coisa consagrada:
A loucura dos grandes deve ser vigiada. *(Saem.)*

Cena II

Elsinor. Sala no castelo (Entram Hamlet e dois ou três Atores.)

Hamlet: Peço uma coisa, falem essas falas como eu as pronunciei, língua ágil, bem claro; se é pra berrar as palavras, como fazem tantos de nossos atores, eu chamo o pregoeiro público pra dizer minhas frases. E nem serrem o ar com a mão, o tempo todo *(Faz gestos no ar com as mãos.)*; moderação em tudo; pois mesmo na torrente, tempestade, eu diria até no torvelinho da paixão, é preciso conceber e exprimir sobriedade – o que engrandece a ação. Ah, me dói na alma ouvir um desses latagões robustos, de peruca enorme, estraçalhando uma paixão até fazê-la em trapos, arrebentando os tímpanos dos basbaques que, de modo geral, só apreciam berros e pantomimas sem qualquer sentido. A vontade é mandar açoitar esse indivíduo, mais tirânico do que Termagante, mais heroico do que Herodes. Evitem isso, por favor.

Primeiro ator: Prometo a Vossa Honra.

Hamlet: Mas também nada de contenção exagerada; teu discernimento deve te orientar. Ajusta o gesto à palavra, a palavra ao gesto, com o cuidado de não perder a simplicidade natural. Pois tudo que é forçado deturpa o intuito da representação, cuja finalidade, em sua origem e agora, era, e é, exibir um espelho à natureza; mostrar à virtude sua própria expressão; ao ridículo sua própria imagem e a cada época e geração sua forma e efígie. Ora, se isso é exagerado, ou então mal concluído, por mais que faça rir ao ignorante só pode causar tédio ao exigente; cuja opinião deve pesar mais no teu conceito do que uma plateia inteira de patetas. Ah, eu tenho visto atores – e elogiados até! e muito elogiados! – que, pra não usar termos profanos, eu diria que não tem nem voz nem jeito de cristãos, ou de pagãos – sequer de homens! Berram, ou gaguejam de tal forma, que eu fico pensando se não foram feitos – e malfeitos! – por algum aprendiz da natureza, tão abominável é a maneira com que imitam a humanidade!

Primeiro ator: Creio, senhor, que em nosso grupo isso já foi bastante corrigido.

Hamlet: Então corrija tudo! E não permita que os jograis falem mais do que lhes foi indicado. Pois alguns deles costumam dar risadas pra fazer rir também uns tantos espectadores idiotas; ainda que, no mesmo momento, algum ponto básico da peça esteja merecendo a atenção geral. Isso é indigno e revela uma ambição lamentável por parte do imbecil que usa esse recurso. Vai te aprontar. *(Saem Atores. Entram Polônio, Rosencrantz e Guildenstern.)* *(Para Polônio.)* Como é, meu senhor? O Rei concorda em ouvir a peça?

Polônio: E a Rainha também; vêm imediatamente.

Hamlet: Manda que os atores se apressem.

(Sai Polônio.) Vocês dois podem ajudá-los?

Rosencrantz & Guildenstern: Pois não, meu senhor.

(Saem Rosencrantz e Guildenstern.)

Hamlet: Olá, Horácio! *(Entra Horácio.)*

Horácio: Aqui, estimado senhor; às suas ordens.

Hamlet: Horácio, você é o homem mais equilibrado com quem convivi em toda a minha vida.

Horácio: Oh, meu caro senhor.

Hamlet: Não creia que eu o lisonjeio;
Que vantagens posso tirar de ti
Que não tens pra te vestir e comer

Outra renda que não a de teus dotes de espírito?
Por que lisonjear o pobre?
Não; a língua açucarada deve lamber somente a pompa extrema,
E os gonzos ambiciosos dos joelhos dobrar apenas
Onde haja lucro na bajulação. Você me escuta?
Desde quando minha alma preciosa se tornou senhora de vontade própria,
E aprendeu a distinguir entre os homens,
Ela te elegeu pra ela. Porque você foi sempre uno,
Sofrendo tudo e não sofrendo nada;
Um homem que agradece igual
Bofetadas e carícias da fortuna... Felizes esses
Nos quais paixão e razão vivem em tal harmonia
Que não se transformam em flauta onde o dedo da sorte
Toca a nota que escolhe.
Me mostra o homem que não é escravo da paixão
E eu o conservarei no mais fundo do peito,
É, no coração do coração – o que faço contigo.
Mas já me excedi nisso. Esta noite há uma representação
Para o Rei. Uma das cenas lembra as circunstâncias
Que te narrei, da morte de meu pai.
Peço, quando vires a cena em questão,
Que observes meu tio com total concentração de tua alma.
Se a culpa que ele esconde não se denunciar nesse momento,
Então o que vimos era um espírito do inferno,
E minha suspeita tão imunda
Quanto a forja de Vulcano. Escuta-o atentamente;
Meus olhos também estarão cravados em seu rosto.
Depois juntaremos nossas impressões
Pra avaliar a reação que teve.
Horácio: Bem, meu senhor,
Se o Rei me furtar alguma coisa enquanto se representa
E escapar à observação, eu pago o roubo.

Hamlet: Eles chegam pro espetáculo. Devo fazer o louco. Escolhe um bom lugar. *(Marcha dinamarquesa. Fanfarra. Entram o Rei, a Rainha, Polônio, Ofélia, Rosencrantz, Guildenstern e outros Cortesãos, com a guarda carregando tochas.)*

Rei: Como passa nosso sobrinho Hamlet?

Hamlet: Magnífico; passadio de camaleão: eu como o ar, cheio de promessas. Com isso o senhor não conseguiria engordar nem os seus capões.

Rei: Não sei o que entender dessa resposta, Hamlet. Tuas palavras me escapam.

Hamlet: Não; escaparam de mim. *(Para Polônio.)* Meu senhor, é verdade que representou também, na universidade?

Polônio: É verdade. E até que era considerado um bom ator.

Hamlet: E representou o quê?

Polônio: Representei Júlio Cesar. Brutus me assassinou no Capitólio.

Hamlet: Mas que brutalidade – matar um carneirão tão capital. Os atores estão prontos?

Rosencrantz: Sim, meu senhor, quando lhe aprouver.

Rainha: Vem cá, querido Hamlet, senta a meu lado.

Hamlet: Perdão, boa mãe, tenho aqui um ímã mais atraente. *(Indica Ofélia.)*

Polônio: *(Ao Rei.)* Oh, oh! O senhor notou isso?

Hamlet: Senhora, posso me enfiar no seu colo? *(Deita-se aos pés de Ofélia.)*

Ofélia: Não, meu senhor.

Hamlet: Quero dizer, pôr minha cabeça no seu colo?

Ofélia: Sim, meu senhor.

Hamlet: Achou que eu estava dizendo coisa que não se reputa?

Ofélia: Não penso nada, meu senhor.

Hamlet: Boa coisa pra se meter entre as pernas de uma virgem.

Ofélia: O que, meu senhor?
Hamlet: Nada.
Ofélia : Está alegre, não está, meu senhor?
Hamlet: Quem, eu?
Ofélia: Sim, meu senhor.
Hamlet: Oh, Deus, sou teu único farsante; quer dizer, autor de farsas. Que faria o homem, se não risse? Oh, olha só o ar fagueiro da senhora minha mãe. E meu pai morreu não tem nem duas horas.
Ofélia: O quê?; duas vezes dois meses, meu senhor!
Hamlet: Tanto assim? Então, se o diabo ainda se veste de negro, eu usarei luto de luxo. Céus! Morto há dois meses e ainda não foi esquecido? Então há esperança de que a memória de um grande homem possa sobreviver a ele até uns seis meses. Mas, por Nossa Senhora, terá que construir catedrais ou sofrerá a punição do esquecimento, como o cavalo de pau cujo epitáfio vai ser: "Ói! Ói! Esqueceram da égua!" *(Soam oboés. Começa a pantomina. Entram um Rei e uma Rainha, muito amorosos; os dois se abraçam. Ela se ajoelha e faz demonstrações de devoção a ele. Ele se levanta do chão e inclina a cabeça no ombro dela. Ele se deita num canteiro de flores. Ela, vendo-o dormir, se afasta, sai. Imediatamente surge um homem, tira a coroa do rei, derrama o veneno no ouvido dele. Sai, beijando a coroa. A Rainha volta; encontra o Rei morto, faz apaixonadas demonstrações de dor. O Envenenador volta, acompanhado de dois ou três comparsas, e mostra-se condoído com a morte do Rei; acompanha a Rainha em suas demonstrações. O cadáver é levado embora. O Envenenador corteja a Rainha com presentes. Ela mostra alguma relutância; recusa os presentes por uns momentos, por fim aceita as provas de amor. Saem.)*
Ofélia: Que significa isso, meu senhor?
Hamlet: Oi, oi! Um mistério maligno, ou melhor, maldito.

Ofélia: Parece que essa pantomima representa o enredo do drama.

(Entra o Prólogo.)

Hamlet: Esse daí vai dizer. Atores não guardam segredos. Contam tudo.

Ofélia: Ele vai nos dizer o significado daquela cena?

Hamlet: É, ou de qualquer cena que você fizer. Se você não tiver vergonha de encenar, ele não se envergonhará de explicar.

Ofélia: O senhor é mau! O senhor é mau! Deixa eu prestar atenção à peça!

Prólogo: Pra nós e nossa tragédia
Pedimos vossa audiência
E suplicamos clemência.

Hamlet: Isso é um prólogo ou uma inscrição de anel?

Ofélia: Pelo menos foi curto.

Hamlet: Como o amor da mulher. *(Entram dois atores, como Rei e Rainha.)*

Rei (Ator): Já o sol trinta voltas perfeitas tinha dado
Sobre o verde da terra e o mar salgado
Trinta dúzias de luas usando luz alheia
Tinham doze vezes trinta sido lua cheia
Desde que o amor uniu você e eu
Pelos laços sagrados do Himeneu.

Rainha (Atriz): O sol e a lua darão mil voltas assim
Antes que o nosso amor um dia tenha fim.
Mas que infeliz eu sou!, tens estado tão mal,
Tão longe de tua alegria habitual,
Que eu temo por ti. Mas não tema esse temor;
As mulheres são assim, no medo e no amor,
Nelas os dois vivem sempre irmanados
E, ou não são nada, ou são extremados.
O meu amor, tu sabes, não pode ser maior,
E quando o amor é grande, o medo não é menor.
Num amor tão enorme qualquer dúvida assusta
Pequenos medos crescem; e o amor, à sua custa.

Rei (Ator): Eu devo te deixar e muito em breve
Mas o fim da existência me é mais leve
Sabendo você, quando eu tiver partido,
Amada e honrada; e com outro marido
Tão terno quanto...
Rainha (Atriz): Não, eu não aceito!
Um outro amor não cabe no meu peito.
É maldição ter novo companheiro;
Só tem o segundo quem mata o primeiro.
Hamlet: *(À parte.)* O veneno! O veneno!
Rainha (Atriz): A razão que leva a um outro casamento
Não é amor, é razão vil – o rendimento.
Será matar meu marido de outro jeito
Deixar novo marido me beijar no leito.
Rei (Ator): Você crê no que diz, mas sejamos serenos,
É comum falarmos mais e fazermos menos;
A intenção é apenas escrava da memória,
Violenta ao nascer, mas transitória;
Enquanto fruto verde só nos dá trabalho,
E assim que madura cai do galho.
É muito natural que nunca nos lembremos
De pagar a nós, o que nós nos devemos;
O que a nós na paixão foi por nós prometido
Terminada a paixão perde todo o sentido.
O sangue quente da dor e da alegria
Já trazem consigo a própria hemorragia;
Onde a alegria mais canta e a dor mais deplora,
Num instante a dor canta e a alegria chora.
O mundo não é eterno e tudo tem um prazo
Nossas vontades mudam nas viradas do acaso;
Pois esta é uma questão ainda não resolvida:
A vida faz o amor, ou este faz a vida?
Se o poderoso cai, somem até favoritos;
Se o pobre sobe surgem amigos irrestritos.
E até aqui o amor segue a Fortuna, eu digo;

A quem não precisa nunca falta um amigo.
Mas quem, precisado, prova um falso amigo
Descobre, oculto nele, um inimigo antigo.
Voltando ao começo de tudo que converso –
Desejos e fatos correm em sentido inverso.
Por isso nossos planos nunca atingem a meta,
O pensamento é nosso, não o que projeta.
Assim, tu crês que não terás outro marido;
Uma crença que morre quando eu tiver morrido.

Rainha (Atriz): A terra não me dê pão, nem luz o céu!
Repouso e paz me fujam – eu só tenha fel!
A fé e a esperança se transformem em desdita
Eu só tenha de meu um catre de eremita!
Cada revés que bater na face da alegria
Destrua, ao passar, tudo o que eu mais queria!
Que uma eterna angústia me cosa e me recosa
Se, uma vez viúva, for outra vez esposa!

Hamlet: Eis um belo perjúrio!

Rei (Ator): Um juramento solene. Dileta, me deixa agora.
Meu espírito pesa; quero enganar com o sono
O tédio desta hora. *(Dorme.)*

Rainha (Atriz): Que o sono embale a tua alma:
Nunca haja amargura entre nós,
Só calma.

Hamlet: *(Para a Rainha.)* Madame, que tal achou a peça?

Rainha: Me parece que a dama promete demais.

Hamlet: Ah, mas ela vai cumprir a promessa.

Rei: Você já conhece o argumento? Não há nenhuma ofensa?

Hamlet: Não, não, eles brincam, apenas; envenenam de brincadeira; absolutamente nenhuma ofensa.

Rei: Como é que se chama o drama?

Hamlet: "A Ratoeira." Por quê? Ratificação de um fato. Um assassinato acontecido em Viena. Gonzaga é o nome de um duque; a mulher se chama Batista. O senhor verá

logo – uma obra-prima de perfídia. Mas, que importa isso? Vossa majestade e nós temos almas livres, isso não nos toca; que o cavalo de rédea curta relinche de dor, nós temos a rédea solta. *(Entra o ator Luciano.)*
Isso é um tal de Luciano, sobrinho do Rei.

Ofélia: O senhor é melhor do que um coro, meu Príncipe.

Hamlet: Daria um bom intérprete entre você e o seu amoroso, se pudesse ver os dois marionetes marionetando.

Ofélia: Resposta afiada, meu senhor, o senhor é muito afiado.

Hamlet: Só lhe custaria um vagido, tornar meu fio cego.

Ofélia: Mais afiado ainda – e mais cego.

Hamlet: Como vocês gostam que seus maridos sejam. *(Ao ator.)* Começa, assassino! Peste, deixa de fazer essas care-tas abomináveis e começa. Vai, o corvo crocitante grasna por vingança.

Luciano: Pensamentos negros, drogas prontas, hora dada
Tempo cúmplice, mãos hábeis – e ninguém vendo nada;
Tu, mistura fétida, destilada de ervas homicidas,
Infectadas por Hécate com tripla maldição, três vezes seguidas,
Faz teu feitiço natural, tua mágica obscena,
Usurparem depressa esta vida ainda plena.
(Derrama veneno no ouvido do Rei.)

Hamlet: Ele envenena o rei no jardim pra usurpar o Estado. O nome dele é Gonzaga. A história ainda existe e está escrita num italiano impecável. Agora vocês vão ver como o assassino arrebata o amor da mulher de Gonzaga.

Ofélia: O Rei se levanta!

Hamlet: Ué, assustado com tiro de festim!

Rainha: *(Para o Rei.)* Sente alguma coisa, meu senhor?

Polônio: Parem com a peça!

Rei: Me deem alguma luz! Depressa!

Todos: Luzes! Luzes! Luzes! *(Saem todos, menos Hamlet e Horácio.)*

Hamlet: Pois é; o cão ferido sai uivando
Enquanto o cervo salvo se distrai
Pra um dormir, há sempre um vigiando,
Assim foi feito o mundo, e assim vai.
Não te parece, amigo, que com esta minha invenção – metidos nessa floresta de penas – eu, caso a fortuna me falhasse, poderia, usando um par de rosas no sapato, obter uma boa quota, numa cambada de atores?

Horácio: Meia quota.

Hamlet: Ah, não, uma quota inteira!
Damon querido, tu sabes bem
Que nos tiraram um rei absoluto:
O próprio Júpiter. Pra reinar quem?
Um grande, um grande... pavão.

Horácio: Podia ter rimado.

Hamlet: Oh, bom Horácio, agora eu aposto mil libras na palavra do fantasma. Você percebeu?

Horácio: Muito bem, meu senhor.

Hamlet: Quando se falou no veneno...

Horácio: Observei tudo.

Hamlet: Ah, ah! Venham, um pouco de música!
Os flautins!
A peça, ao Rei,
Não lhe parece bem, bem não lhe faz –
Talvez, meu Deus, por parecer demais.
Vamos logo; a música!
(Entram Rosencrantz e Guildenstern.)

Guildenstern: Meu bom senhor, permita-me uma palavra.

Hamlet: Senhor, uma história inteira.

Guildenstern: O rei, meu senhor...

Hamlet: Sim, meu *senhor*, o que é que há com ele?

Guildenstern: Se retirou, como viu, e está lá dentro num horrível destempero.

Hamlet: Bebeu demais, senhor?

Guildenstern: Não, senhor, destempero de cólera.

Hamlet: Oh, então tua sabedoria se mostraria mais rica se tivesses ido avisar o médico. Pois a lavagem que tenho pra administrar só lhe aumentará a bílis.
Guildenstern: Meu bom senhor, peço que dê uma certa ordem ao que fala não arrrancando a rédea do meu assunto e saltando em todas as direções.
Hamlet: Eu já estou domado, senhor. Falai-vos.
Guildenstern: A Rainha, sua mãe, na maior aflição de espírito, mandou que eu o procurasse...
Hamlet: Seja bem-vindo.
Guildenstern: Perdão, meu Príncipe, essa cortesia não é ouro de lei. Se ao senhor lhe aprouver me dar uma resposta razoável, eu terei cumprido a ordem da Rainha; se não, peço licença e minha retirada será o fim da minha missão.
Hamlet: Perdão, não posso.
Guildenstern: O que, meu senhor?
Hamlet: Responder razoavelmente. Eu perdi a razão. Mas a resposta que posso dar, essa eu ponho ao seu dispor, ou, como diz, da senhora minha mãe. E basta de coisa e vamos ao fato. Minha mãe, o senhor dizia...
Rosencrantz: Daí ela externou que o seu comportamento a tinha mergulhado em espanto e estupor.
Hamlet: Oh, filho maravilhoso, capaz de estuporar a própria mãe. Mas o que é que segue nos calcanhares desta mãe estuporada? Solta!
Rosencrantz: Quer lhe falar em seu quarto de dormir, antes de ir deitar.
Hamlet: Nós obedeceremos, como se ela fosse dez vezes nossa mãe. Temos mais algum negócio a tratar?
Rosencrantz: Meu Príncipe, houve um tempo em que o senhor me estimava.
Hamlet: E estimo ainda, juro *(Mostra as mãos.)* por estes cinco gatunos e estes cinco ladrões.
Rosencrantz: Meu bom senhor, posso saber o motivo da sua perturbação? O senhor certamente tranca a porta à própria liberdade se esconde as angústias até do seu amigo.

Hamlet: A mim me falta amparo.

Rosencrantz: Mas como?; se o senhor tem o amparo do próprio Rei para a sucessão na Dinamarca!

Hamlet: Ah, sim, só que o provérbio "Enquanto a grama cresce" anda um pouco mofado. *(Entram atores com flautins.)* Ah, os flautins. Me dá um aí. *(Dão um flautim a ele.)* Me diz aqui, à parte; por que você me segue a contravento, como quem quer me jogar numa armadilha?

Guildenstern: Oh, meu Príncipe, o meu dever, por ser audacioso, prejudica o comportamento da minha afeição.

Hamlet: Não entendi muito bem. Não quer tocar esta flauta?

Guildenstern: Não o saberia, senhor.

Hamlet: Por favor!

Guildenstern: Acredite-me, eu não sei.

Hamlet: Mas eu suplico.

Guildenstern: Não sei nem onde pôr os dedos, meu senhor.

Hamlet: É tão fácil quanto mentir. Governa-se estes buracos com estes dedos e o polegar, dá-se ar com a boca, e ela nos discursa uma música eloquente. Veja só: aqui estão os registros.

Guildenstern: Mas eu não consigo comandar daí qualquer declaração harmoniosa; me falta a perícia.

Hamlet: Pois veja só que coisa mais insignificante você me considera! Em mim você quer tocar; pretende conhecer demais os meus registros; pensa poder dedilhar o coração do meu mistério. Se acha capaz de me fazer, da nota mais baixa ao topo da escala. Há muita música, uma voz excelente, neste pequeno instrumento, e você é incapaz de fazê-lo falar. Pelo sangue de Cristo!, acha que eu sou mais fácil de tocar do que uma flauta? Pode me chamar do instrumento que quiser – pode me dedilhar quanto quiser, que não vai me arrancar o menor som... *(Entra Polônio.)* Deus o tenha, senhor.

Polônio: Meu Príncipe, a Rainha gostaria de lhe falar. E imediatamente.

Hamlet: Estás vendo aquela nuvem ali, quase em forma de camelo?
Polônio: Pela santa missa, eu diria que é um exato camelo.
Hamlet: Pois me parece mais um esquilo.
Polônio: É; tem a corcova de um esquilo.
Hamlet: Ou será uma baleia?
Polônio: É! Uma perfeita baleia.
Hamlet: Então vou ver minha mãe agora mesmo. *(À parte.)* Brincam comigo até onde eu aguente. *(Aos outros.)* Eu volto logo.
Polônio: Vou avisá-la. *(Sai Polônio.)*
Hamlet: "Eu volto logo" – dizer é fácil.
Deixem-me só, amigos.
(Saem Rosencrantz, Guildenstern, Horácio e Atores.)
Agora chega a hora maligna da noite,
Quando as campas se abrem, e o próprio inferno
Expira seu hálito mefítico no mundo.
Agora eu poderia beber sangue quente,
E perpetrar horrores de abalar o dia,
Se ele visse. Calma! Vamos à minha mãe.
Ó, coração, não esquece tua natureza; não deixa
Que a alma de Nero entre neste peito humano.
Que eu seja cruel, mas não desnaturado.
Minhas palavras serão punhais lançados sobre ela;
Mas meu punhal não sairá do coldre.
Que, neste momento, minha alma e minha língua sejam hipócritas;
Por mais que as minhas palavras transbordem em desacatos
Não permita, meu coração, que eu as transforme em atos!
(Sai.)

Cena III

Aposento no palácio. (Entram o Rei, Rosencrantz e Guildenstern.)

Rei: Não gosto do jeito dele; e não é seguro pra nós
Deixar campo livre a esse lunático. Preparem-se, portanto;
Vou despachar imediatamente as instruções
E ele partirá com vocês pra Inglaterra.
A situação atual de nosso reino não pode ser exposta
A perigos tão sérios como os que nascem a toda hora
Dessa estranha loucura.

Guildenstern: Vamos nos preparar.
É precaução santa e piedosa
Proteger tantas e tantas vidas
Cujo sono e nutrição depende de Vossa Alteza,

Rosencrantz: O simples ser individual deve empregar
Toda a força e invenção de seu espírito
Pra proteger-se de golpes; e muito mais ainda
O ser de cujo bem-estar dependem – e no qual repousam –
Tantas vidas. Quando se extingue um soberano
Ele não morre só. Como o vórtice de um redemoinho
Atrai pro abismo tudo que o rodeia. É uma roda maciça,
Fixada no pico da montanha mais alta,
Em cujos raios enormes dez mil coisas menores
Vivem incrustadas ou grudadas; e aí, quando ela cai,
Cada pequeno anexo, diminuta dependência,
Acompanha a queda tonitruante.
Quando um rei suspira, o reino inteiro geme.

Rei: Equipem-se, eu lhes peço, pra essa viagem urgente;
Temos que colocar grilhões nesse pavor
Que anda por aí com os pés demasiado livres.

Rosencrantz & Guildenstern: Vamos nos apressar.

(Saem Rosencrantz e Guildenstern. Entra Polônio.)

Polônio: Meu senhor, ele já foi pro quarto da Rainha.
Vou me botar atrás da tapeçaria,
Para escutar o que aconteça. Estou seguro

De que ela vai censurá-lo com dureza
E, como o senhor disse, e o disse sabiamente,
Convém no caso um ouvido a mais
Além do maternal (naturalmente parcial)
Para auscultar outros sentidos. Até já, meu senhor;
Espero vê-lo antes que se recolha
Pra lhe contar o que sei.
Rei: Obrigado, caro senhor meu. *(Sai Polônio.)*
Oh, meu delito é fétido, fedor que chega ao céu;
Pesa sobre ele a maldição mais velha,
A maldição primeira – assassinar um irmão!
Nem consigo rezar – embora a inclinação e a vontade
imensa.
Mas se a vontade é grande, minha culpa é maior.
Como homem envolvido numa empreitada dúplice.
Hesito e paro, sem saber por onde começar;
E desisto de ambas. Mas, mesmo que esta mão maldita
Tivesse sua espessura duplicada pelo sangue fraterno,
Será que nesses céus clementes não haveria
Chuva bastante pra lavá-las de novo brancas como a neve?
Pra que serve a piedade, senão para apagar a face do delito?
E o que é a oração senão essa virtude dupla –
Evitar nossa queda; ou perdoar-nos, depois,
Então, eu olharei pro alto; pra resgatar minha culpa.
Mas, que forma de oração pode servir meu intuito?
"Perdoai meu torpe assassinato?"
Isso não pode ser, pois retenho a posse
Dos benefícios que me levaram ao crime –
É possível ser perdoado retendo os bens do crime?
Nas correntes corruptas deste mundo
As mãos douradas do delito podem afastar a justiça –
Como tanto se vê – o próprio lucro do malfeito
Comprando a lei. Mas não é assim lá em cima;
Ali não há trapaças. Lá a ação se mostra tal qual foi,
E nós, nós mesmos, somos compelidos a prestar testemunho,

Olhando nossas culpas no dente e no olho.
E então? Que resta? Ver o que pode o arrependimento.
O que não pode? Mas o que pode, quando não
conseguimos nos arrepender?
Que lamentável estado! Peito negro como a morte!
Oh, alma cheia de visgo, cuja luta pra ser livre
Ainda a embaraça mais. Socorro, anjos! Um esforço, por
mim!
Dobrem-se, joelhos orgulhosos; coração de tendões de aço,
Fica suave como a carne tenra do recém-nascido!
Tudo pode sair bem. *(Se move para um lado e se ajoelha. Entra Hamlet.)*

Hamlet: Eu devo agir é agora; ele agora está rezando.
Eu vou agir agora – e assim ele vai pro céu;
E assim estou vingado – isso merece exame.
Um monstro mata meu pai e, por isso,
Eu, seu único filho, envio esse canalha ao céu.
Oh, ele pagaria por isso recompensa – isso não é vingança.
Ele colheu meu pai impuro, farto de mesa,
Com todas suas faltas florescentes, um pleno maio.
E o balanço desse aí – só Deus sabe,
Mas pelas circunstâncias e o que pensamos
Sua dívida é grande. Eu estarei vingado
Pegando-o quando purga a alma,
E está pronto e maduro para a transição?
Não.
Para espada, e espera ocasião mais monstruosa!
Quando estiver dormindo bêbado, ou em fúria,
Ou no gozo incestuoso do seu leito;
Jogando, blasfemando, ou em qualquer ato
Sem sombra ou odor de redenção.
Aí derruba-o, pra que seus calcanhares deem coices no céu,
E sua alma fique tão negra e danada
Quanto o inferno, pra onde ele vai. Minha mãe me espera;
Este remédio faz apenas prolongar tua doença; *(Sai.)*

Rei: *(Levantando.)* Minhas palavras voam;
Meu pensamento lhes é infiel;
Palavras assim jamais chegam ao céu. *(Sai.)*

Cena IV

O aposento da Rainha. (Entram a Rainha e Polônio.)

Polônio: Ele vem logo. Deve lhe falar com firmeza.
Que as extravagâncias dele se tornaram exageradas,
Não são mais suportáveis. E que Vossa Alteza
Já tem servido de biombo
E se interposto sempre entre ele e o ódio que suscita.
Ficarei escondido aqui mesmo.
Eu lhe peço; seja clara com ele.

Hamlet: *(Fora.)* Minha mãe, minha mãe, minha mãe!

Rainha: Eu lhe garanto isso; não tenha receio. Saia agora.
Ele vem vindo. *(Polônio vai pra trás da tapeçaria. Entra Hamlet.)*

Hamlet: Olá, minha mãe, de que se trata?

Rainha: Hamlet, ofendeste muito teu pai.

Hamlet: Mãe, a senhora ofendeu muito meu pai.

Rainha: Vamos, vamos, tu respondes com uma língua tola.

Hamlet: Vem, vem, a senhora pergunta com uma língua indigna.

Rainha: Como? O que é isso, Hamlet?

Hamlet: Que foi que aconteceu?

Rainha: Esqueceste quem eu sou?

Hamlet: Não, pela cruz, não esqueci.
A senhora é a Rainha, esposa do irmão de seu marido;
E – antes não fosse! – é minha mãe.

Rainha: Muito bem, vou te colocar diante de pessoas capazes de falar contigo.

Hamlet: Vamos lá, sente aí e não se mova;
Não vai sair daqui antes que eu a ponha diante de um espelho
Onde veja a parte mais profunda de si mesma.

Rainha: Que pretendes fazer? Vais me matar?
Socorro, socorro, aqui!
Polônio: *(Atrás da tapeçaria.)* Olá! Socorro! Socorro! Socorro!
Hamlet: *(Puxando o florete.)* Que é isso? Um rato? Morto! Aposto um ducado; morto! *(Dá um lance com o florete através da tapeçaria.)*
Polônio: *(Atrás.)* Oh, me mataram! *(Cai e morre.)*
Rainha: Ai de mim, que fizeste?
Hamlet: Ora, eu não sei. Quem é; o rei?
Rainha: Oh, que ação sangrenta e absurda!
Hamlet: Ação sangrenta! Quase tão má, minha boa mãe,
Como matar um rei e casar com o irmão dele.
Rainha: Como matar um rei!
Hamlet: Sim, senhora, foram as minhas palavras,
(Levanta a tapeçaria e olha Polônio.)
Tu, miserável, absurdo, intrometido idiota – adeus!
Eu te tomei por um teu maior. Aceita teu destino;
Ser prestativo demais tem seus perigos!
(À Rainha.) Deixa de torcer as mãos. Calma;
E senta aí!
Pois eu pretendo torcer o seu coração;
Se ainda tiver substância penetrável;
Se o hábito do mal não o empederniu em bronze
Como couraça e proteção contra qualquer sentimento.
Rainha: Que foi que eu fiz pra tua língua vibrar
Contra mim com esse ódio todo?
Hamlet: Um ato
Que empalidece a graça e o rubor do recato
Chama a virtude de hipócrita; arranca a rosa
Da bela fronte de um amor inocente
E põe aí um sinal infamante; torna os votos conjugais
Tão verdadeiros quanto promessas de viciados.
Oh, esse ato arranca a própria alma do corpo de um juramento

E transforma a santa religião em rapsódia de palavras;
A face do céu se torna púrpura, sim, e esta terra sólida e compacta,
Como sentindo aproximar-se o Dia do Juízo,
Ganha um ar doloroso, doente de desgosto diante desse ato.
Rainha: Pobre de mim, que ato é esse,
Cujo simples prólogo ruge tão alto e me ameaça tanto?
Hamlet: Olha aqui este retrato, e este. *(Mostra a ela retratos do pai e do tio.)*
Retratos fiéis de dois irmãos.
Veja a graça pousada neste rosto –
Os cabelos de Apolo, a fronte do próprio Júpiter;
O olho de Marte, que ameaça e comanda;
O pobre igual ao de Mercúrio-mensageiro
Descendo numa montanha alta como o céu;
Um conjunto e uma forma na qual
Cada deus fez questão de colocar sua marca,
Pra garantir ao mundo a perfeição de um homem.
Este era seu marido. Vê agora o que se segue;
Aqui está o outro marido, como uma espiga podre,
Contaminando o irmão saudável. A senhora tem olhos?
E deixa de se alimentar nesta montanha límpida
Para ir engordar num lamaçal? Hei! Tem ou não tem olhos?
Não pode chamar isso de amor; na sua idade,
O zênite do sangue já passou, está domado.
E obedece à razão; e que razão
Trocaria isto por isto? *(Aponta os retratos.)*
Desejo, claro, a senhora tem,
Do contrário não teria impulsos. Mas certamente
São desejos apopléticos; a própria loucura não erraria assim;
O desejo jamais foi escravo do delírio,
Sempre se reservou certa medida
Pra distinguir tais diferenças. Qual foi o demônio
Que a vendou pra essa sinistra cabra-cega?
Olhos sem tato, tato sem vista.

Ouvidos sem mãos nem olhos, o simples olfato,
A parte mais doente de qualquer sentido
Não poderia se extraviar assim.
Que vergonha! Onde está seu rubor? Rebelde inferno,
Se não pode fazer a vergonha se insurgir
Nos ossos de uma matrona, então que a virtude vire cera
Ao calor da juventude,
E derreta nesse fogo.
Proclama que não é vergonha ceder ao assalto
Do ardor desenfreado,
Pois o próprio gelo queima violento
Quando a razão é a bordeleira da luxúria.
Rainha: Oh, Hamlet, não fala mais.
Você vira meus olhos pra minha própria alma;
E vejo aí manchas tão negras e indeléveis
Que jamais poderão ser extirpadas.
Hamlet: É, mas viver
No suor azedo de lençóis ensebados,
Ensopados na corrupção, arrulhando e fazendo amor
Numa sentina imunda...
Rainha: Oh, não fala mais;
Tuas palavras, como adagas, penetram meus ouvidos.
Chega, querido Hamlet!
Hamlet: Um assassino covarde,
Um escravo que não chega a um vintésimo de um dízimo
Do teu primeiro senhor; bufão entre os reis;
Salteador do império e do poder
Que roubou do reino seu mais precioso diadema,
E o enfiou no bolso!
Rainha: Basta!
Hamlet: Um rei só de remendos e retalhos...
(Entra o Fantasma.)
Salvai-me e cobri-me com vossas asas,
Ó guardas celestiais! *(Ao Fantasma.)* Que espera de mim,
Graciosa figura?

Rainha: Deus meu, está louco!
Hamlet: O senhor vem repreender o filho negligente
Que deixou escapar a hora e a paixão
Sem executar sua ordem terrível?
Me diz!
Fantasma: Não esqueça; esta visita
É para aguçar tua resolução já quase cega.
Mas olha, o espanto domina tua mãe.
Coloca-te entre ela e sua alma em conflito;
Nos corpos frágeis a imaginação trabalha com mais força.
Fala com ela, Hamlet.
Hamlet: O que é que tem, senhora?
Rainha: Ai, o que é que você tem,
Fixando assim seus olhos no vazio,
E conversando com o ar incorpóreo?
Os teus espíritos espiam impetuosos por teus olhos,
Soldados despertados pelo alarme,
Teus cabelos deitados se levantam e ficam em pé
Como excrescências vivas. Ó filho gentil,
Asperge paciência fresca sobre o calor e a chama
Da tua loucura. Está olhando o quê?
Hamlet: Ele, ele! Olha só, o seu brilho tão pálido!
Sua causa e seu aspecto, juntos,
Seriam capazes de comover as pedras.
(Ao Fantasma.) Não olhe assim pra mim,
Pois esse apelo piedoso pode me demover
Do meu rígido intento; e faltará cor ao que devo fazer;
Lágrimas talvez, não mais gotas de sangue.
Rainha: Pra quem você diz isso?
Hamlet: A senhora não vê?
Rainha: Não vejo nada: e vejo tudo que há.
Hamlet: Nem ouviu nada?
Rainha: Não, nada – a não ser a nós mesmos.
Hamlet: Mas, como? Olha lá! Vê?, está indo embora!
Meu pai, vestido como vivia!

Olha, lá vai ele, atravessa o portal agora mesmo!
(Sai Fantasma.)
Rainha: É teu cérebro que forja essa visão;
Teu delírio se excede
Em criações incorpóreas.
Hamlet: Delírio!
O meu pulso, como o seu, marca o tempo calmamente,
E soa música saudável. Não é loucura
O que eu proferi; é só me pôr à prova
Que repito, palavra por palavra,
Aquilo que a loucura embolaria. Mãe, pela graça divina,
Não passa em tua alma esse enganoso unguento
De que não é o teu delito que fala, mas a minha demência.
Isso é apenas uma pele fina cobrindo tua alma gangrenada,
Enquanto a pútrida corrupção, em infecção oculta,
Corrói tudo por dentro. Confessa-te ao céu;
Arrepende-te do que se passou e evita o que há de vir;
Não joga estrume sobre ervas daninhas
Que elas crescem ainda com mais força.
Perdoa-me por minha virtude:
É! Na velhacaria destes tempos flácidos,
A virtude tem que pedir perdão ao vício;
Sim, curvar-se e bajulá-lo pra que ele permita que ela o beneficie.
Rainha: Oh, Hamlet, você partiu meu coração em dois.
Hamlet: Pois joga fora a pior parte dele,
E vive mais pura com a outra metade.
Boa noite. Mas não vá pra cama de meu tio;
Simula uma virtude, já que não a possui.
O costume, esse monstro que devora qualquer sentimento,
Demônio dos hábitos, nisto, porém, é um anjo
Pois também empresta hábito, ou libré,
Às nossas ações justas e nobres –
E que elas vestem prazenteiras. Abstenha-se esta noite:
Isso tornará mais fácil a próxima abstinência;

A seguinte será inda mais fácil.
O costume quase pode mudar o timbre da natureza,
Dominando o demônio, ou expulsando-o
Com violência irresistível. Mais uma vez, boa noite,
E quando sentir necessidade de ser abençoado
Eu lhe pedirei que me abençoe.
Quanto a este senhor *(Aponta Polônio.)*
Eu me arrependo; mas Deus quis assim;
Que eu fosse o castigo dele, e ele o meu;
Me apontou pra seu flagelo e ministro.
Vou dispor dele de qualquer maneira
E responder depois pela morte que lhe dei.
Então, ainda uma vez, boa noite.
Tenho que ser cruel para ser justo;
Aqui começa o mal, o pior ainda vem.
Uma palavra a mais, boa senhora.
Rainha: O que devo fazer?
Hamlet: De forma alguma nada que eu lhe diga:
Deixe que o rei balofo a atraia outra vez ao leito,
Que belisque suas bochechas de maneira lasciva;
Que a chame de minha ratinha.
Depois que ele lhe der alguns beijos nojentos,
E lhe acariciar o colo com seus dedos malditos,
Deve ter a impressão de que lhe arrancou a revelação de tudo:
Ou seja: eu não estou louco de verdade;
Estou louco somente por astúcia. Seria bom que ele
soubesse assim;
Pois, se uma verdadeira rainha, justa, sóbria e sábia, não fosse capaz de revelar
Segredos tão preciosos a um sapo, um vampiro, um gato,
Quem o faria?
Não, contra todo o bom senso e a prudência,
Abra a gaiola no alto do telhado,
Deixe os pássaros voarem e, como o macaco da fábula,

Entre depois na gaiola, só pra ver o que acontece;
E quebre o pescoço saltando lá de cima.
Rainha: Olha aqui: se as palavras são feitas de aspiração,
E aspiração de vida, eu não tenho vida para aspirar
Nada do que você me disse.
Hamlet: Vou partir pra Inglaterra; sabia disso?
Rainha: Ai!,
Eu tinha esquecido. Está decidido, então.
Hamlet: As cartas já estão seladas. E meus dois companheiros de escola
Em que confio menos do que em dentes de víboras,
São portadores das ordens. Devem limpar o caminho
Pra eu chegar à armadilha. Vamos deixar;
Pois é um prazer ver-se o engenheiro
Voar pelos ares com o próprio engenho.
E só muito má sorte me impedirá
De cavar um palmo abaixo da mina deles,
Explodindo-os em pedaços até a lua. Oh, como é bonito
Ver, numa mesma linha, duas maquinações se chocando.
Este homem me obriga a usar uma escapatória.
Vou arrastar suas tripas para o quarto ao lado.
Boa noite, minha mãe! Engraçado, o conselheiro,
Aí está tão quieto, tão grave, e sagaz,
E em vida era um biltre, agitado e loquaz
(Ao corpo.) Vamos, senhor, é só o arrastão final.
Boa noite, mãe.
(Saem separadamente, Hamlet puxando Polônio.)

ATO IV

Cena I

Sala do castelo. (Entram o Rei, a Rainha, Rosencrantz e Guildenstern.)

Rei: Esses suspiros e esses gemidos profundos têm uma causa.
Você deve traduzir; precisamos saber.
Onde está seu filho?
Rainha: Concedam-nos este espaço por alguns momentos.
(Saem Rosencrantz e Guildenstern.)
Ah, meu bom senhor, o que eu vi esta noite!
Rei: O que, Gertrudes? Como está Hamlet?
Rainha: Louco como o mar e o vento lutando
Pra decidir qual o mais forte. Num acesso de fúria,
Ouvindo alguma coisa mexer atrás da tapeçaria,
Arrancou o florete e gritou: "Um rato, um rato!"
E, exaltado, pela imaginação, matou,
Sem ver, o excelente velho.
Rei: Oh, que ação funesta!
Teria feito o mesmo a nós, estivéssemos lá.
A liberdade dele está cheia de ameaça para todos,
Pra você mesma, pra nós, pra qualquer um.
Ai de mim, como responderemos a essa ação sangrenta?
Seremos responsabilizados por não termos freado,
Confinado e segregado do mundo esse jovem lunático.
Mas era tanto o nosso amor
Que não soubemos decidir o mais conveniente:
Como quem está atacado de um mal vergonhoso
E, pra evitar que se o divulgue,
Prefere deixar-se devorar até a medula. Onde foi Hamlet?
Rainha: Esconder o corpo que ele assassinou;

E aí, sua própria loucura, como ouro
Fulgindo em uma mina de metal ordinário,
Mostra-se completamente pura: ele chora pelo acontecido.
Rei: Vem comigo, Gertrudes!
Assim que o sol tocar a montanha,
Nós o embarcaremos daqui; quanto prestígio e habilidade
Vamos ter que empregar
Para coonestar e desculpar esse ato nefando.
Ho, Guildenstern! *(Entram Rosencrantz e Guildenstern.)*
Amigos, busquem, vocês dois, mais alguém como reforço.
Hamlet, na sua loucura, assassinou Polônio,
e o arrastou pra fora do quarto da Rainha.
Procurem-no; falem com ele calmamente –
E tragam o corpo pra capela.
(Saem Rosencrantz e Guildenstern.)
Vem, Gertrudes, vamos chamar nossos amigos mais sábios,
Comunicar a eles o que pretendemos fazer
E isso que aconteceu em tão má hora. Assim, quem sabe,
A calúnia, cujo murmúrio pode atravessar o diâmetro do mundo
Transportando seu tiro envenenado –
Reta como um canhão que visa o alvo –
Não consiga atingir o nosso nome.
E acerte no ar, que é invulnerável. – Oh, vamos embora!
Minha alma está cheia de angústia e confusão. *(Saem.)*

Cena II

Outro aposento no castelo. (Entra Hamlet.)
Hamlet: Está bem guardado.
Rosencrantz & Guildenstern: *(Fora de cena.)* Hamlet! Príncipe Hamlet!
Hamlet: Que barulho é esse? Quem chama por Hamlet?
Oh, lá vêm eles! *(Entram Rosencrantz e Guildenstern.)*

ROSENCRANTZ: O que é que o senhor fez, meu príncipe, com o corpo do morto?
HAMLET: Eu o misturei ao pó, do qual ele é parente.
ROSENCRANTZ: Diga-nos onde é que está, pra que possamos pegá-lo
E levá-lo à capela.
HAMLET: Não acredite nisso.
ROSENCRANTZ: Acreditar em quê?
HAMLET: Que eu possa seguir o teu conselho em vez do meu próprio.
Me diz aí: ao ser interrogado por uma esponja,
Que resposta deve dar o filho de um rei?
ROSENCRANTZ: O senhor acha que eu sou uma esponja, meu senhor?
HAMLET: Isso mesmo, meu caro, encharcada pelos favores do Rei, suas recompensas, seus cargos. São tais seguidores que prestam os melhores serviços ao Rei. Ele os guarda num canto da boca como o macaco faz com a noz; primeiro mastiga, depois engole. Quando precisa do que vocês chuparam, basta espremê-los. Espremidos, vocês, esponjas, estão secos de novo.
ROSENCRANTZ: Me recuso a compreendê-lo, senhor.
HAMLET: Fico contente em saber. O discurso patife dorme no ouvido idiota.
ROSENCRANTZ: Meu senhor, precisa nos dizer onde está o corpo. E acompanhar-nos até o Rei.
HAMLET: O corpo está com o Rei, mas o Rei não está com o corpo. O Rei é uma coisa...
GUILDENSTERN: Uma coisa, meu senhor?
HAMLET: ...de nada. Me leva até o Rei. Te esconde, raposa; estão atrás de ti. *(Sai correndo.)*

Cena III

Outro aposento no castelo. (Entram o Rei e séquito.)
Rei: Mandei que o procurassem e que achassem o corpo.
É assaz perigoso deixar esse homem solto!
Mas contra ele não devemos usar a dura lei.
Hamlet é amado pela multidão leviana,
Que não ama com a razão, mas com os olhos;
Quando é assim, devemos pesar o culpado,
E não o crime. Pra que tudo vá calmo e dê certo,
Esta sua partida repentina tem que parecer
Cuidadosa deliberação. As doenças desesperadoras
Se curam com medicações desesperadas;
Ou não. *(Entra Rosencrantz.)*
E então, que foi que aconteceu?
Rosencrantz: Meu senhor, não conseguimos que nos disseste
Onde escondeu o corpo.
Rei: Mas ele, onde está?
Rosencrantz: Lá fora, senhor; sob guarda. Esperando o que a Vossa Majestade lhe aprouver.
Rei: Tragam-no à nossa presença.
Rosencrantz: Olá! Guildenstern! Faz entrar o Príncipe! *(Entram Hamlet e Guildenstern.)*
Rei: Muito bem, Hamlet, onde está Polônio?
Hamlet: Na ceia.
Rei: Na ceia! Onde?
Hamlet: Na ceia. Mas não está comendo. Está sendo comido. Um determinado congresso de vermes políticos se interessou por ele. Nesses momentos, o verme é o único imperador. Nós engordamos todos os outros seres pra que nos engordem; e engordamos pra engordar as larvas. O rei obeso e o mendigo esquálido são apenas variações de um menu – dois pratos, mas na mesma mesa; isso é tudo.
Rei: Ai, ai, ai!

Hamlet: Um homem pode pescar com o verme que comeu o rei e comer o peixe que comeu o verme.
Rei: O que é que você quer dizer com isso?
Hamlet: Nada, senão demonstrar-lhe que um rei pode fazer um belo desfile pelas tripas de um mendigo.
Rei: Onde está Polônio?
Hamlet: No céu; manda alguém ver. Se o seu mensageiro não o encontrar lá, o senhor mesmo pode ir procurá-lo no seu novo endereço. Agora, se o senhor não o encontrar até o fim do mês, vai sentir o cheiro dele quando subir os degraus da galeria.
Rei: *(A alguns servidores.)* Vão procurá-lo lá.
Hamlet: Ele espera, ele espera. *(Saem os servidores.)*
Rei: Hamlet, esse ato, pra tua própria segurança,
Que nos é tão cara, sem que deixemos de lamentar
Profundamente aquilo que fizeste, nos obriga a te tirar daqui
Com a rapidez do fogo. Prepara-te, então:
O barco está pronto, o vento nos ajuda:
Acompanhantes já esperam: tudo está apontado
Pra Inglaterra.
Hamlet: Pra Inglaterra!
Rei: Sim, Hamlet.
Hamlet: Bom.
Rei: Você diria o mesmo, se conhecesse nossas intenções.
Hamlet: Eu vejo um querubim que as vê. – Mas vamos lá – à Inglaterra!
Adeus, querida mãe.
Rei: Teu pai que te ama, Hamlet.
Hamlet: Minha mãe. Pai e mãe são marido e mulher; marido e mulher são uma carne só; portanto, minha mãe. *(Para Rosencrantz e Guildenstern.)* Vamos; pra Inglaterra! *(Sai.)*
Rei: Nos calcanhares dele! Façam com que embarque imediatamente.
Não retardem a partida; eu o quero fora daqui esta noite!
Longe! Tudo o mais que diz respeito a esse caso

Já está resolvido e selado. Eu lhes peço, corram!
(Saem Rosencrantz e Guildenstern.)
E tu, Inglaterra – se de algum modo te interessa minha amizade –
E minha extrema potência te aconselha a que assim queiras –
Pois ainda tens viva e sangrenta
A cicatriz que te deixou a espada dinamarquesa,
E, embora livre, o teu temor é homenagem a nós,
Não podes receber com frieza nossa decisão soberana,
A qual, por cartas que formalizam a exigência,
Conduz à morte imediata de Hamlet. Faz isso, Inglaterra;
Pois Hamlet queima em meu sangue como a febre.
Tu deves curar-me. Até que isso aconteça,
O mais que me aconteça não poderá se chamar felicidade.
(Sai.)

CENA IV

Uma planície da Dinamarca. (Entram Fortinbrás e um capitão, com um exército, marchando pelo palco.)

FORTINBRÁS: Vai, capitão, e saúda em meu nome o rei dinamarquês,
Diz que, com a sua permissão, Fortinbrás
solicita salvo-conduto, já combinado, para atravessar
As terras deste reino. Sabes onde nos encontrar:
Se Sua Majestade tiver algo mais a discutir conosco,
Iremos pessoalmente prestar-lhe homenagens.
Comunique-lhe isso.

CAPITÃO: Assim farei, senhor.

FORTINBRÁS: *(Às tropas.)* Avancem lentamente. *(Saem todos, menos o capitão. Entram Hamlet, Rosencrantz, Guildenstern e outros.)*

HAMLET: Bom senhor, de quem são essas forças?

CAPITÃO: Do rei da Noruega, senhor.

HAMLET: Se dirigem pra onde, por favor?
CAPITÃO: Contra uma parte da Polônia.
HAMLET: E quem as comanda, senhor?
CAPITÃO: Fortinbrás, o sobrinho do velho rei da Noruega.
HAMLET: Vão lutar contra a Polônia toda, ou apenas alguma parte da fronteira?
CAPITÃO: Falar verdade, senhor, e evitando exagero,
Vamos conquistar um pequeno terreno
Que não nos interessa a não ser pela glória.
Nem por cinco ducados, cinco! eu o arrendaria.
Não renderia mais que isso ao rei da Polônia
Ou da Noruega, vendido como feudo.
HAMLET: Mas então os polacos nem vão defendê-lo!
CAPITÃO: Ah, vão! Já têm uma guarnição aí!
HAMLET: Duas mil almas e vinte mil ducados
Não chegam pra decidir essa ninharia,
Isso é um abscesso causado por muita paz e riqueza:
Arrebenta por dentro não mostrando, por fora,
A causa mortis. Humildemente eu lhe agradeço, senhor.
CAPITÃO: Deus esteja convosco. *(Sai.)*
ROSENCRANTZ: Podemos ir agora, meu Príncipe?
HAMLET: Estarei com vocês imediatamente. Vai um pouco na frente. *(Saem todos, exceto Hamlet.)*
Todos os acontecimentos parecem me acusar,
Me impelindo à vingança que retardo!
O que é um homem cujo principal uso e melhor aproveitamento
Do seu tempo é comer e dormir? Apenas um animal.
É evidente que esse que nos criou com tanto entendimento,
Capazes de olhar o passado e conceber o futuro, não nos deu
Essa capacidade e essa razão divina
Para mofar em nós, sem uso. Ora, a não ser por
esquecimento animal,
Ou por indecisão pusilânime,
Nascida de pensar com excessiva precisão nas consequências –

Uma meditação que, dividida em quatro,
Daria apenas uma parte de sabedoria
E três de covardia – eu não sei
Por que ainda repito: – "Isso deve ser feito",
Se tenho razão, e vontade, e força e meios
Pra fazê-lo. Exemplos grandes quanto a Terra me incitam;
Testemunha é este exército, tão numeroso e tão custoso,
Guiado por um príncipe sereno e dedicado,
Cujo espírito, inflado por divina ambição,
É indiferente ao acaso invisível,
E expõe o que é mortal e precário
A tudo que a Fortuna, a morte e o perigo engendram,
Só por uma casca de ovo. Se verdadeiramente grande
É não se agitar sem uma causa maior,
Mas encontrar motivo de contenda numa palha
Quando a honra está em jogo. Como é que eu fico, então,
Eu que com um pai assassinado e uma mãe conspurcada,
Excitações do meu sangue e da minha razão,
Deixo tudo dormir? E, pra minha vergonha,
Vejo a morte iminente de vinte mil homens
Que, por um capricho, uma ilusão de glória,
Caminham para a cova como quem vai pro leito,
Combatendo por um terreno no qual não há espaço
Para lutarem todos; nem dá tumba suficiente
Para esconder os mortos? Oh, que de agora em diante
Meus pensamentos sejam só sangrentos; ou não sejam nada! *(Sai.)*

Cena V

Elsinor. Um aposento no castelo. (Entram a Rainha e Horácio.)

Rainha: Não quero falar com ela.

Horácio: Mas ela é insistente; está fora de si –
Seu estado merece piedade.

Rainha: Que quereria ela?
Horácio: Fala muito do pai; diz que sabe
Que há intrigas no mundo; tosse e bate no coração.
Se irrita por qualquer migalha; fala coisas sem nexo,
Ou com apenas metade do sentido. O que diz não diz nada,
Mas permite aos que a escutam
Tirarem suspeitas dessa deformação; e aí conjeturam,
Rearrumando as palavras de acordo com o que pensam.
As palavras, junto com os olhares, meneios e gestos
Que ela faz, dão pra acreditar
Que realmente ali há um pensamento, bastante incerto;
Mas muito doloroso.
Seria bom que falassem com ela, pois pode espalhar
Suposições perigosas em cérebros malignos.
Rainha: Manda ela entrar. *(Sai Horácio.)*
Pra minha alma doente – a natureza do pecado é assim –
Cada migalha é um desastre, é o fim;
A culpa é cheia de medo escondido
Que se trai, com medo de ser traído.
(Entra Horácio com Ofélia, fora de si.)
Ofélia: Onde está a radiosa rainha da Dinamarca?
Rainha: O que foi, Ofélia?
Ofélia: *(Canta.)* Como distinguir de todos
O meu amante fiel?
Pelo bordão e a sandália;
Pela concha do chapéu.
Rainha: Ai, minha encantadora jovem, que significa essa canção?
Ofélia: O que diz? Não, presta atenção, por favor.
(Canta.) Está morto, senhora, foi embora;
Está morto, foi embora,
Uma lápide por cima
E grama verde, por fora.
Oh, oh!
Rainha: Mas, querida Ofélia...

Ofélia: Ouve, por favor.
(Canta.) Seu sudário, como a neve da montanha...
(Entra o Rei.)
Rainha: Ai de mim, veja isso, senhor.
Ofélia: *(Canta.)* O pranto do amor fiel
Fez as flores perfumadas
Descerem à tumba molhadas.
Rei: Como está você, minha bela jovem?
Ofélia: Bem! E Deus vos ajude. Dizem que a coruja era filha de um padeiro.
Senhor, nós sabemos o que somos, mas não o que seremos. Deus esteja em vossa mesa!
Rei: Ela pensa no pai.
Ofélia: Por favor, nem uma palavra sobre isso; mas quando perguntarem que coisa significa, respondam assim:
(Canta.) Amanhã é São Valentino
E bem cedo eu, donzela,
Pra ser tua Valentina
Estarei em tua janela.
E ele acorda e se veste
E abre o quarto pra ela.
Se vê a donzela entrando
Não se vê sair donzela.
Rainha: Gentil Ofélia!
Ofélia: Está bem, Ô!, sem praguejar, eu termino;
(Canta.) Por Jesus e a Santa Caridade
Vão pro diabo os pecados
Os rapazes fazem o que podem
Mas como eles são malhados!
Disse ela: "Antes de me atracar,
Você prometeu casar".
Ele responde:
"Pelo sol, eu o tinha feito
Se não fosses ao meu leito".
Rei: Há quanto tempo ela está assim?

Ofélia: Eu espero que tudo saia bem. Devemos ser pacientes. Mas não posso deixar de chorar pensando que o enfiaram nessa terra fria. Meu irmão tem que ser informado. Por isso eu agradeço os vossos bons conselhos. Vem, minha carruagem! Boa noite, senhoras. Boa noite, amáveis senhoras; boa boite, boa noite. *(Sai.)*

Rei: Sigam-na de perto; vigiem-na com cuidado, eu lhes peço.

(Sai Horácio.)

Ah, esse é o veneno do pesar profundo; brota
Tudo da morte do pai dela. Oh, Gertrudes, Gertrudes,
Quando as desgraças chegam, elas não vêm solitárias,
Mas em batalhões. Primeiro, o pai dela assassinado;
Depois, a partida de teu filho; ele próprio o tresloucado autor
Do seu justo desterro. E o povo se agitando,
Turbulento e malsão no que pensa e murmura,
Quanto à morte desse bom Polônio, agimos com imprudência
Fazendo seus funerais secretamente; e a pobre Ofélia,
Perdida de si própria e de sua razão,
Sem a qual somos apenas imagens ou meros animais.
E por fim, a ameaça mais grave:
O irmão dela voltou da França em segredo;
E anda envolvido em sombras,
E não faltam intrigas pra envenenar seus ouvidos
Com versões pestilentas sobre a morte do pai;
Mendigos de provas, os intrigantes não hesitarão
Em incriminar nossa pessoa de ouvido em ouvido.
Oh, querida Gertrudes, isso,
Como um canhão a metralha,
Me atinge em várias partes, me dando uma morte múltipla,

(Barulho fora de cena.)

Rainha: Meu Deus, que barulho é esse?

Rei: Onde estão meus suíços? Que guardem a porta. *(Entra um cavalheiro.)* Que foi que houve?

Cavalheiro: Protegei-vos, senhor!
O oceano ultrapassando seus limites,
Não devora as terras com mais fúria
Do que o jovem Laertes, à testa de uma horda sediciosa,
Derruba vossos comandos. O populacho o aclama;
E como se o mundo começasse agora,
Esquecendo o passado e renegando as tradições
Que dão às palavras valor e conteúdo,
Eles gritam: "Nós decidimos: Laertes será rei!
E mãos, línguas e gorros aplaudem até as nuvens;
"Laertes será rei; Laertes rei!"
Rainha: Com que alegria ladram numa pista falsa!
Seguem a pista ao contrário, falsos cães dinamarqueses!
(Tumulto fora de cena.)

Rei: Arrebentaram a porta. *(Entra Laertes armado. Dinamarqueses o seguem.)*

Laertes: Onde está esse rei? *(Aos soldados dinamarqueses.)* Senhores, fiquem todos lá fora.

Dinamarquês: Não; queremos entrar.

Laertes: Eu lhes peço – isso é comigo.

Dinamarqueses: Pois não, pois não. *(Se retiram.)*

Laertes: Eu agradeço – vigiem a porta. E tu, rei canalha, me devolve meu pai!

Rainha: Calma, bom Laertes.

Laertes: Uma gota de sangue que em mim ficar calma me proclama: *bastardo*; grita a meu pai: *cornudo*; e marca a fogo: *devassa* – na testa imaculada de minha santa mãe.

Rei: Por que razão, Laertes,
Tua rebelião surgiu tão gigantesca?
Deixa-o, Gertrudes; não tema por nossa pessoa.
É tal a aura divina protegendo um rei
Que a traição mal consegue entrever o que pretende,
E fica impotente pra qualquer ação. Me diz, Laertes,
Por que tão enfurecido? Deixa-o, Gertrudes.
Fala, homem.

Laertes: Onde está meu pai?
Rei: Morto!
Rainha: Mas não por ele.
Rei: Deixe que ele pergunte até ficar bem farto.
Laertes: Como foi que morreu? Não pensem que me iludem!
Pro inferno a obediência! Ao demônio mais negro os juramentos!
A consciência e a graça ao mais fundo abismo!
Eu desafio a danação! Cheguei a um extremo
Em que já não me importa este mundo ou o outro.
Aconteça o que acontecer; quero apenas vingar
Meu pai, completamente.
Rei: Quem te impedirá?
Laertes: Nem o mundo inteiro – só a minha vontade.
Quanto aos recursos que tenho, eu os usarei de tal maneira
Que, embora poucos, chegarão bem longe.
Rei: Bom Laertes,
Se desejas conhecer a verdade
Sobre a morte de teu caro pai, diz;
Está escrito em tua vingança que jogarás todas as fichas nesse jogo,
Arrastando amigos e inimigos, vencedores e vencidos?
Laertes: Só os inimigos dele.
Rei: Queres então conhecê-los?
Laertes: Pros seus bons amigos, abrirei bem os meus braços,
E sacrificarei minha vida como um pelicano,
Alimentando-os com meu próprio sangue.
Rei: Bem, agora falas
Como filho amante e bom cavalheiro.
Que eu não tenho culpa na morte de teu pai,
E sinto a dor mais profunda pelo fato.
Ficará tão claro ao teu julgamento
Quanto o dia que penetra nos teus olhos.

Dinamarquês: *(Fora de cena.)* Deixem-na entrar!
Laertes: Que acontece aí? Que barulho é esse?
(Entra Ofélia.)
Oh, fogo, consome meu cérebro! Lágrimas sete vezes salgadas,
Queimem a função e o valor dos meus olhos!
Juro pelos céus, tua loucura será paga em peso
Até que o braço da balança penda para o nosso lado.
Ó rosa de maio, virgem amada, boa irmã, gentil Ofélia!
Ó céus! É possível que a razão de uma donzela
Seja tão frágil quanto a vida de um velho?
A natureza é sutil no amor e, nessa sutileza,
Sacrifica um pedaço precioso de si própria
Àquele a quem ama.
Ofélia: *(Canta.)* O puseram no caixão com o rosto descoberto
Olelê, olelê, olelê.
Caíram chuvas de lágrimas na campa
Vai em paz, meu pombinho!
Laertes: Se estivesses em teu juízo e me incitasses à vingança,
Não terias tanta força.
Ofélia: Todos têm que cantar: "Embaixo, embaixo; e chamando baixinho";
A roda da Fortuna gira assim! Foi o pérfido mordomo quem roubou a filha do patrão.
Laertes: Isso não é nada, e é mais que tudo.
Ofélia: *(Para Laertes.)* Este é um rosmaninho, serve pra lembrança. Eu te peço, amor, não esquece. E aqui amores-perfeitos, que são pros pensamentos.
Laertes: Uma lição na loucura; pensamentos e recordações se harmonizam.
Ofélia: *(Ao Rei.)* Funchos para o senhor, e aquileias.
(À Rainha.)
Arruda para vós, pra mim também alguma coisa – vamos chamar de flor da graça dos domingos; ah, tem que usar a

sua arruda de modo diferente. Eis uma margarida. Gostaria de lhe dar algumas violetas, mas murcharam todas quando meu pai morreu – Dizem que ele teve um bom fim... *(Canta.)* O meu bonito Robin é toda a minha alegria...

Laertes: A mágoa e a aflição, o sofrimento, o próprio inferno.

Ofélia: *(Canta.)* E ele não voltará mais?
E ele não voltará mais?
Não, não, ele está morto
Em leito de paz e conforto
Não voltará nunca mais.
Tinha a barba branca como a neve
Tinha a cabeça tão leve
Foi embora, foi embora,
É inútil nosso pranto
Que Deus o proteja, agora.
E para todas as almas cristãs, eu peço a Deus –
Deus esteja convosco.

Laertes: Vede isso, ó céus!

Rei: Laertes, deixa que eu partilhe tua dor.
Ou estarás me negando um direito. Retira-te,
Escolhe entre os teus, teus amigos mais sábios,
E que ouçam e decidam entre você e eu.
Se por via direta ou mão por nós instruída
Acharem que temos alguma culpa, te entregaremos o reino,
A coroa, nossa vida, e tudo o mais que nos pertence,
Como forma de reparação. Não sendo assim,
Terás que nos emprestar tua paciência;
E trabalharemos de acordo com a tua alma
Para a satisfação que lhe é devida.

Laertes: Pois que assim seja;
O modo como morreu, o funeral furtivo –
Sem troféus, espada, nem escudo sobre os ossos,
Nenhum rito nobre ou a menor pompa mortuária,
Tudo isso grita do céu à terra

Reclamando que eu exija explicação.
Rei: Tu a terás; vem comigo.
Onde estiver o mal
Cairá sobre ele o machado fatal. *(Saem.)*

Cena VI

Outra sala no castelo (Entram Horácio e servidor.)
Horácio: Quem são esses que querem falar comigo?
Servidor: Gente do mar, senhor; trazem cartas.
Horácio: Manda entrar. *(Sai servidor.)*
Não sei de que parte do mundo me enviam mensagens;
A não ser que sejam de Hamlet. *(Entram os marinheiros.)*
Primeiro marinheiro: Deus vos bendiga, senhor.
Horácio: Que também vos abençoe.
Primeiro marinheiro: Ele o fará, senhor, se for sua vontade. Trago-vos uma carta. Mandada pelo embaixador que ia pra Inglaterra. Se vosso nome é Horácio, como assim me informaram. *(Entrega a carta.)*
Horácio: *(Lê.)* "Horácio, quando tiveres percorrido estas linhas, facilita a estes homens alguma maneira de chegarem ao rei; têm cartas para ele. Não estávamos no mar nem há dois dias quando um navio pirata fortemente armado nos deu caça. Como éramos muito lentos de vela, tivemos que demonstrar uma coragem forçada e, na abordagem, saltei para o navio pirata. Nesse exato instante o barco se afastou do nosso e fiquei sendo o único prisioneiro. Os atacantes se comportaram comigo com curiosa misericórdia – sabiam o que faziam. Esperam que eu lhes preste um bom serviço. Faz com que o Rei receba as cartas que enviei: e me responde com a pressa com que fugirias da morte. Tenho palavras pra dizer em teus ouvidos que te deixarão mudo; mas mesmo assim são munição ligeira para o calibre do assunto. Essa boa gente te conduzirá aonde eu estou. Rosencrantz

e Guildenstern continuam a viagem pra Inglaterra. Tenho muito a te contar sobre eles. Adeus.

Aquele que tu sabes teu,

Hamlet."

Venham, vou abrir caminho para as cartas que trazem;
E o mais depressa possível, pra que me levem logo
Àquele que as enviou. *(Saem.)*

Cena VII

Outra sala no castelo. (Entram o Rei e Laertes.)

Rei: Agora a tua consciência deve selar minha absolvição,
E pôr-me em teu coração como um amigo,
Já que ouviste com ouvido prevenido
Que o assassino de teu pai
Atentava era contra mim.

Laertes: É o que me parece – mas
Por que o senhor não agiu contra esses atos
Tão criminosos, capitais pela própria natureza?
A sua segurança, grandeza, sabedoria e todas as outras coisas
O forçavam a isso.

Rei: Oh, por duas razões especiais,
Que te parecerão, talvez, bastante débeis;
Pra mim, porém, são muito fortes. A mãe de Hamlet
Vive praticamente por seus olhos. E quanto a mim –
Virtude ou maldição, seja o que for –
Ela está em tal conjunção com minha alma e minha vida,
Que, como uma estrela presa à sua órbita,
Eu só sei me mover em torno dela. O outro motivo,
Pelo qual não posso me arriscar a um confronto público,
É o grande amor que a gente comum tem pelo Príncipe;
O povo, mergulhando em afeição todas as faltas dele,
Como a fonte que transforma o lenho em pedra,

Converteria suas cadeias em relíquias; e minhas flechas
De hastes muito leves pra vento tão forte,
Não atingiriam o alvo onde eu mirasse
E voltariam todas sobre mim.
Laertes: E assim eu perdi um nobre pai;
Vi minha irmã lançada ao desespero –
Ela, cujos méritos, se é possível louvar o que é passado –
Desafiavam do alto todo o nosso tempo,
Tal sua perfeição. Mas minha vingança virá.
Rei: Que isso não te interrompa o sono. Não deves pensar
Que somos feitos de matéria frouxa e inerte;
Que deixamos o perigo nos arrancar a barba
Fingindo que é brincadeira.
Em breve saberás mais.
Eu amava teu pai, como amo a mim próprio;
E isso, espero, te levará a imaginar...
(Entra um mensageiro.)
Que foi, agora? Alguma notícia?
Mensageiro: Cartas, meu senhor, de Hamlet.
(Entrega as cartas a ele.)
Esta para Vossa Majestade; esta para a Rainha.
Rei: De Hamlet! Quem trouxe?
Mensageiro: Marinheiros, senhor, me disseram; eu não os vi.
Me foram entregues por Cláudio. Ele as recebeu
De quem as trouxe.
Rei: Laertes, tens que ouvir.
(Ao mensageiro.) Deixe-nos. *(Mensageiro sai.)*
(Lê.) "Alta e Poderosa Majestade, sabei que fui deixado nu em vosso reino. Amanhã pedirei permissão para estar ante vossos olhos reais; ocasião em que eu, desde já pedindo vosso perdão, narrarei os motivos de meu estranho e súbito retorno. Hamlet."
Que quer dizer isto? Os outros todos também estão voltando?
Ou isto é só um estratagema?

Laertes: O senhor reconheceu a mão?
Rei: Caracteres de Hamlet. "Nu."
A letra dele aqui, no *post-scriptum:* "Sozinho".
Que me aconselhas?
Laertes: Estou perdido, senhor. É deixar que ele venha;
Reaquece o meu coração sofrido –
A ideia de poder viver e lhe dizer nos dentes:
"Tu o fizeste!"
Rei: Se for assim, Laertes,
Como será assim? Como o contrário?
Deixarás que eu te guie?
Laertes: Sim, meu senhor;
Desde que não me conduza para a paz.
Rei: À tua própria paz. Se ele agora voltou –
Abandonando a viagem – e não tem mais intenção
De embarcar de novo, eu o tentarei
A uma empreitada já madura em minhas cogitações,
Da qual ele não conseguirá escapar.
E a morte dele não trará nem um sopro
Do vento da suspeita.
Até sua mãe desconhecerá o estratagema
E o chamará de acaso.
Laertes: Meu senhor, deixar-me-ei guiar;
Com prazer maior se puder organizar tudo
De modo a que eu sirva de instrumento.
Rei: Pois vem bem a propósito.
Falou-se muito de ti enquanto viajavas –
Isso em presença de Hamlet – por uma habilidade
Na qual, dizem, você é esplendoroso. Todas as tuas qualidades juntas
Não despertaram nele tanta inveja
Quanto esta sozinha; aliás, aqui no meu parecer,
Sem nenhuma importância.
Laertes: Que habilidade é essa, meu senhor?
Rei: Apenas uma fita no barrete da juventude,

Embora necessária; pois à juventude vão tão bem
As roupas ligeiras e descuidadas
Quanto vão bem na idade avançada
As vestes de peles e indumentárias negras
Que denotam gravidade e riqueza. Há dois meses atrás
Esteve aqui um fidalgo da Normandia.
Eu mesmo vi, e militei contra, os franceses;
São belos cavaleiros. Mas o nosso galante
Era mais – um feiticeiro. Colava-se na sela
E fazia o cavalo executar proezas extraordinárias,
Como se se incorporasse ao esplêndido animal,
Metade cada um da mesma natureza. Ultrapassou tudo em minha imaginação
Pois, por mais evoluções e acrobacias que eu inventasse,
Ficava muito aquém de todas que fazia.
Laertes: Era um normando?
Rei: Um normando.
Laertes: Aposto por minha vida – era Lamond.
Rei: Era esse mesmo.
Laertes: Conheço bem; ele é a joia, melhor,
A pedra preciosa de toda a nação.
Rei: Mas se inclinava a ouvir teu nome:
Falando de ti como um mestre sem par
Na arte e na prática do ataque e defesa
E muito especialmente no uso do florete;
E chegou a gritar: "Seria um vero espetáculo
Se houvesse um outro igual". Os esgrimistas de seu país,
Ele jurou, não teriam ataque, ou guarda, nem golpe de vista,
Se fosses o adversário. Pois essa avaliação feita por ele
De tal modo envenenou Hamlet de inveja
Que ele só ansiava por tua volta;
Para esgrimir contigo.
Ora, a partir daí...
Laertes: O que a partir daí, meu senhor?
Rei: Laertes, não amavas teu pai?

Ou você é apenas a pintura de uma dor,
Rosto sem coração?
Laertes: Por que essa pergunta?
Rei: Não que eu pense que não amavas teu pai,
Mas por saber que o amor se constrói com o tempo,
Vejo casos que provam isso –
O tempo lhe modifica a centelha e o ardor.
Dentro da própria chama da paixão
Vive um pavio ou abafador que arrefece sua luz.
E nada mantém a qualidade inicial:
Pois a qualidade, tornando-se pletórica,
Morre do próprio excesso. O que queremos fazer
Está sujeito a tantas demoras e desânimos
Quantas são as línguas, as mãos e os acidentes que o cercam.
E assim esse *devemos* é um suspiro excessivo
Que, aliviando, dói. Mas vamos ao carnegão do abscesso:
Hamlet está de volta. Que estás disposto a fazer
Pra te mostrares filho de teu pai em atos;
Não mais em palavras?
Laertes: Cortar-lhe o pescoço na igreja.
Rei: Nenhum lugar, na verdade, devia dar asilo a um assassino;
Nem servir de limites à vingança. Mas, bom Laertes,
Se desejas vingança, permanece fechado no teu quarto.
Hamlet, chegando, saberá que tu voltaste.
Nós o cercaremos dos que só louvarão tua competência,
Dando até outra camada de verniz à fama
Que o francês te outorgou. E aí provocaremos um entrevero entre vocês,
E apostaremos nas duas cabeças. Ele, negligente que é,
E generosíssimo, alheio a qualquer trama,
E alguma habilidade, poderás escolher
Um florete sem botão pra, num passe maldoso,
Pagar a vida de teu pai com a vida dele.

Laertes: Assim farei;
E com esse fim untarei minha espada.
Um charlatão me vendeu um certo unguento,
Tão mortal que basta mergulhar nele uma lâmina
E, onde esta tirar sangue, o emplastro mais raro,
Composto de todas as ervas que a lua
Alimenta de virtudes, não livrará da morte
Quem sofrer um arranhão. Molharei no veneno
A minha ponta. O mais simples toque
Será a morte.
Rei: Vamos refletir um pouco;
Pesar as circunstâncias de tempo e de meios
Que se adaptem melhor ao nosso plano. Se for pra falhar
E deixar nossas intenções se revelarem por um mau desempenho,
Será melhor nem tentar. Por isso nosso projeto
Deve ter outro que o apoie ou substitua, pra ser executado
Caso este negue fogo. Calma! Vejamos –
Faremos uma aposta solene na perícia de ambos.
E eis aqui:
Quando, em meio ao combate, sentirem calor e sede –
Tens que fazer ataques bem violentos pra que isso aconteça –
E Hamlet pedir bebida, eu já terei um cálice
Preparado pra ocasião, no qual basta ele tocar os lábios –
Se até aí escapou de tua estocada venenosa –
Pra coroar nosso plano. Mas, espera! Que barulho é...?
(Entra a Rainha.)
Que foi, meiga Gertrudes?
Rainha: Uma desgraça marcha no calcanhar de outra,
Tão rápidas se seguem. Tua irmã se afogou, Laertes.
Laertes: Afogada! Oh, onde?
Rainha: Há um salgueiro que cresce inclinado no riacho
Refletindo suas folhas de prata no espelho das águas;
Ela foi até lá com estranhas grinaldas
De botões-de-ouro, urtigas, margaridas,

E compridas orquídeas encarnadas,
Que nossas castas donzelas chamam dedos de defuntos,
E a que os pastores, vulgares, dão nome mais grosseiro.
Quando ela tentava subir nos galhos inclinados,
Para aí pendurar as coroas de flores,
Um ramo invejoso se quebrou;
Ela e seus troféus floridos, ambos,
Despencaram juntos no arroio soluçante.
Suas roupas inflaram e, como sereia,
A mantiveram boiando um certo tempo;
Enquanto isso ela cantava fragmentos de velhas canções,
Inconsciente da própria desgraça
Como criatura nativa desse meio,
Criada pra viver nesse elemento.
Mas não demoraria pra que suas roupas,
Pesadas pela água que a encharcava,
Arrastassem a infortunada do seu canto suave
À morte lamacenta.
Laertes: Ai de mim! Minha irmã afogada!
Rainha: Afogada! Afogada!
Laertes: Já tens água demais, pobre Ofélia,
Por isso contenho minhas lágrimas. Mas
Esse é o jeito humano; a natureza cobra à natureza,
A vergonha diga o que quiser.
Quando acabarem minhas lágrimas,
Não haverá mais mulher em mim. Adeus, senhor.
Tenho um discurso de fogo pronto a explodir suas chamas
Mas esta minha fraqueza o apaga. *(Sai.)*
Rei: Vamos segui-lo, Gertrudes.
O que tive que fazer para acalmar sua fúria!
Temo que este infortúnio o inflame de novo:
Vamos segui-lo. *(Saem.)*

ATO V

Cena I

Elsinor. Um cemitério. (Entram dois coveiros carregando pás e outras ferramentas.)

Primeiro coveiro: Mas como vão enterrar numa sepultura cristã? Ela não procurou voluntária a sua salvação?

Segundo coveiro: Eu te digo que sim; mas cava a cova dela bem depressa. O juiz examinou o caso e decidiu enterro cristão.

Primeiro coveiro: Como é que pode ser? Só se ela se afogou em legítima defesa.

Segundo coveiro: Parece que foi.

Primeiro coveiro: Bom, deve ter sido se defendendo; não pode ser doutro jeito. E aí está o nó: se eu me afogo voluntário, isso prova que há um ato; e um ato tem três galhos; que é a ação, a facção e a executação. *Argo*, foi uma afogação voluntária.

Segundo coveiro: Claro, mas ouve aqui, cavalheiro coveiro...

Primeiro coveiro: Com a sua licença! *(Mexe na poeira com o dedo.)* Aqui tem a água; bom. Aqui tem o homem; bom. Se o homem vai nessa água e se afoga, não interessa se quis ou não quis – ele foi. Percebeu? Agora, se a água vem até o homem e afoga ele, ele não se afoga. *Argo*, quem não é culpado da própria morte, não encurta a própria vida.

Segundo coveiro: Mas isso tá na lei?

Primeiro coveiro: Claro que está; é a lei das perguntas do juiz.

Segundo coveiro: Quer que eu te diga? Se essa não fosse da nobreza, nunca que iam dar pra ela uma sepultura cristã.

Primeiro coveiro: Você disse tudo. E o maior pecado é

que os grandes deste mundo podem se afogar ou enforcar mais do que os simples cristãos. Vem, minha pá! Não há nobreza mais antiga do que a dos jardineiros, agricultores e coveiros: eles continuam a tradição de Adão.

Segundo coveiro: Adão era nobre?

Primeiro coveiro: O primeiro do mundo.

Segundo coveiro: Nunca ouvi isso!

Primeiro coveiro: Você é um herege? Nunca leu a escritura? A escritura diz que Adão cavava. E para ajudá-lo, Deus lhe deu Eva como companheira. Ele foi o primeiro par deste reino. E Eva não fiava? Uma mulher de linhagem. Vou te fazer outra pergunta: se não responderes certo, faz tua confissão que...

Segundo coveiro: Vê lá.

Primeiro coveiro: Quem é que constrói mais forte do que o pedreiro, o engenheiro e o carpinteiro?

Segundo coveiro: O armador de forcas; o que ele constrói dura mais do que mil inquilinos.

Primeiro coveiro: Gostei do teu espírito, pode crer. Nessa da forca você se saiu bem; quer dizer, se saiu bem pros que se saem mal. Mas se saiu mal em admitir que a forca é mais forte do que a Igreja. *Argo*; a forca pode te sair bem. Outra resposta, vamos.

Segundo coveiro: "Quem constrói mais forte do que o pedreiro, o engenheiro e o carpinteiro?"

Primeiro coveiro: É, responde e pode tirar a cangalha.

Segundo coveiro: Espera, eu já sei...

Primeiro coveiro: Força!

Segundo coveiro: Que diabo, não sei. *(Entram Hamlet e Horácio.)*

Primeiro coveiro: Não maltrata mais teu cérebro, pois um burro burro não fica esperto com pancada. Quando te fizerem essa pergunta uma outra vez, responde logo: "O coveiro". As casas que ele constrói duram até o Juízo Final. Agora vai até a bodega de Yanam e me traz um caneco de cerveja. *(Sai o Segundo Coveiro. O Primeiro cava e canta.)*

Na mocidade eu amava e amava;
Como era doce passar assim o dia
Encurtando (ô!) o tempo (ah!) que voava
E eu não via a vida que fugia.

Hamlet: Esse camarada não tem consciência do trabalho que faz, cantando enquanto abre uma sepultura?

Horácio: O costume transforma isso em coisa natural.

Hamlet: É mesmo. A mão que não trabalha tem o tato mais sensível.

Primeiro coveiro: *(Canta.)* E a velhice chega bem furtiva
Na lentidão que tarda, mas não erra
E nos atira aqui dentro da cova
Como se o homem também não fosse terra.
(Descobre um crânio.)

Hamlet: Esse crânio já teve língua um dia, e podia cantar. E o crápula o atira aí pelo chão, como se fosse a queixada de Caim, o que cometeu o primeiro assassinato. Pode ser a cachola de um politiqueiro, isso que esse cretino chuta agora; ou até o crânio de alguém que acreditou ser mais que Deus.

Horácio: É, pode ser.

Hamlet: Ou de um cortesão que só sabia dizer: "Bom dia, amado príncipe!
Como está o senhor, meu bom senhor?" Pode ter sido o Lord Tal-e-qual, que elogiava o cavalo do Lord Qual-e-Tal na esperança de ganhá-lo, não é mesmo?

Horácio: É, meu senhor.

Hamlet: Pode ser. E agora sua dona é Madame Verme; desqueixado e com o quengo martelado pela pá de um coveiro. Uma bela revolução, se tivéssemos capacidade de entendê-la. A educação desses ossos terá custado tão pouco que só sirvam agora pra jogar a bocha? Os meus doem, só de pensar nisso.

Primeiro coveiro: *(Canta.)*
Uma picareta e uma pá, uma pá

E também uma mortalha
Cova de argila cavada
Pra enterrar a gentalha.
(Desenterra outro crânio.)

Hamlet: Mais um! Talvez o crânio de um advogado! Onde foram parar os seus sofismas, suas cavilações, seus mandatos e chicanas? Por que permite agora que um patife estúpido lhe arrebente a caveira com essa pá imunda e não o denuncia por lesões corporais? Hum! No seu tempo esse sujeito talvez tenha sido um grande comprador de terras, com suas escrituras, fianças, termos, hipotecas, retomadas de posse. Será isso a retomada final de nossas posses? O termo de nossos termos, será termos a caveira nesses termos? Os fiadores dele continuarão avalizando só com a garantia desse par de identificações? As simples escrituras de suas terras dificilmente caberiam nessa cova; o herdeiro delas não mereceria um pouco mais?

Horácio: Nem um dedo mais, senhor.

Hamlet: O pergaminho das escrituras não é feito de pele de carneiro?

Horácio: É, meu senhor. De vitela também.

Hamlet: É; só vitelos e carneiros têm confiança nisso. Vou falar com esse aí. *(Ao Coveiro.)* De quem é essa cova, rapaz?

Primeiro coveiro: Minha, senhor.
(Canta.) O que falta a tal hóspede
É um buraco de argila.

Hamlet: Tua, claro. Estás todo encovado.

Primeiro coveiro: Sua é que não é. O senhor parece preocupado, e ela é pós-ocupada.
Eu me ocupo da campa, logo estou acampado.

Hamlet: A cova que cavas é coisa de morto. Um vivo na tumba está só confinado.

Primeiro coveiro: Resposta bem viva, senhor; xeque-mortal!

Hamlet: Pra que homem está cavando o túmulo?
Primeiro coveiro: Pra homem nenhum, senhor.
Hamlet: Pra qual mulher, então?
Primeiro coveiro: Nenhuma, também.
Hamlet: Então o que é que você vai enterrar aí?
Primeiro coveiro: Alguém que foi mulher, senhor; mas, paz à sua alma, já morreu.
Hamlet: O patife é esperto! Devemos falar com precisão, ou ele nos envolve em ambiguidades. Por Deus, Horácio, há uns três anos venho notando isso; nosso tempo se tornou tão refinado que a ponta do pé do camponês já está no calcanhar do cortesão; até lhe machucando os calos. *(Ao Coveiro.)* Há quanto tempo você é coveiro?
Primeiro coveiro: Entre todos os dias do ano escolhi começar no dia em que o falecido rei Hamlet venceu Fortinbrás.
Hamlet: Há quanto tempo, isso?
Primeiro coveiro: O senhor não sabe? Qualquer idiota sabe. Foi no mesmo dia em que nasceu o príncipe Hamlet, o que ficou maluco e foi mandado pra Inglaterra.
Hamlet: Ó, diabo, por que foi mandado pra Inglaterra?
Primeiro coveiro: Ué, porque ficou maluco. Diz que lá recupera o juízo; e, se não recuperar, lá não tem importância.
Hamlet: Por quê?
Primeiro coveiro: Na Inglaterra ninguém repara nele, aquilo lá é tudo doido.
Hamlet: Como é que ficou maluco?
Primeiro coveiro: Dizem que de maneira muito estranha.
Hamlet: Estranha como?
Primeiro coveiro: Parece que perdeu o juízo.
Hamlet: E qual foi a razão?
Primeiro coveiro: Achar que não tinha razão! Isso, na Dinamarca! Já sou coveiro aqui, juntando rapaz e homem feito, tem bem trinta anos.

HAMLET: Quanto tempo um homem pode ficar embaixo da terra antes de apodrecer?

PRIMEIRO COVEIRO: Olha, se já não estava podre antes de morrer – hoje tem aí muito cadáver pestilento que já quase nem espera a gente enterrar – dura uns oito ou nove anos. Um curtidor aguenta bem nove anos.

HAMLET: Por que ele mais que os outros?

PRIMEIRO COVEIRO: Ora, senhor, a pele dele está tão curtida pela profissão que a água custa muito a penetrar. Essa água é que é a inimiga corroedora do filho da puta do cadáver. Olha, vê aqui esse crânio? – tava enterrado aí há vinte e três anos.

HAMLET: De quem era?

PRIMEIRO COVEIRO: Um maluco filho da puta, esse aí. O senhor pensa que é de quem?

HAMLET: Sei lá – não sei.

PRIMEIRO COVEIRO: Que a peste nunca abandone esse palhaço louco! Uma vez derramou na minha cabeça um garrafão inteiro de vinho do Reno. Esse crânio aí, cavalheiro, foi o crânio de Yorick, o bobo do rei.

HAMLET: Este aqui?

PRIMEIRO COVEIRO: Esse aí!

HAMLET: Deixa eu ver. *(Pega o crânio.)* Olá, pobre Yorick! Eu o conheci, Horácio. Um rapaz de infinita graça, de espantosa fantasia. Mil vezes me carregou nas costas; e agora, me causa horror só de lembrar! Me revolta o estômago! Daqui pendiam os lábios que eu beijei não sei quantas vezes. Yorick, onde andam agora as tuas piadas? Tuas cambalhotas? Tuas cantigas? Teus lampejos de alegria que faziam a mesa explodir em gargalhadas? Nem uma gracinha mais, zombando da tua própria dentadura? Que falta de espírito! Olha, vai até o quarto da minha grande Dama e diz a ela que, mesmo que se pinte com dois dedos de espessura, este é o resultado final; vê se ela ri disso! Por favor, Horácio, me diz uma coisa.

Horácio: O que, meu senhor?
Hamlet: Você acha que Alexandre também ficou assim embaixo da terra?
Horácio: Assim mesmo.
Hamlet: E fedia assim? Puá! *(Joga o crânio fora.)*
Horácio: Assim mesmo.
Hamlet: A que serventias vis podemos retornar, Horácio! Nada nos impede de seguir o caminho da nobre cinza de Alexandre, até achá-lo calafetando um furo de barrica.
Horácio: Pensar assim é chegar a minúcias excessivas.
Hamlet: Não, por minha fé, nada disso! É apenas seguir o pensamento com naturalidade. Vê só: Alexandre morreu; Alexandre foi enterrado; Alexandre voltou ao pó; o pó é terra; da terra nós fazemos massa. Por que essa massa em que ele se converteu não pode calafetar uma barrica?

Cesar Augusto é morto, virou terra;
Pôr o vento pra fora é sua guerra –
O mundo tremeu tanto ante esse pó
Que serve agora pra tapar buraco – só.

Mas, devagar! Devagar agora! Vamos nos afastar. O Rei vem aí!
(Entram o Rei, Rainha, Laertes e o corpo de Ofélia, num caixão, com Padres e Fidalgos em procissão.)
A Rainha, os cortesãos. Quem é que eles seguem?
E com um cortejo assim tão incompleto? Isso indica
Que o corpo que seguem destruiu a própria vida
Com mão desesperada. Era alguém de alta condição.
Vamos nos esconder um pouco e observar.
(Afasta-se com Horácio.)
Laertes: *(A um Padre.)* Mais alguma cerimônia?
Hamlet: *(Para Horácio, à parte.)* Esse é Laertes,
Um jovem nobilíssimo. Observa-o.
Primeiro Padre: As exéquias foram celebradas nos limites
A que nos autorizaram. Sua morte foi suspeita;
Não fosse a ordem superior para exceção da regra,
Teria sido enterrada em campo não consagrado

Até as trombetas do Juízo Final; em vez de preces
caridosas,
Pedras, cacos e lama seriam atirados sobre ela.
Contudo lhe foram concedidas grinaldas de virgem,
Braçadas de flores brancas e tímpanos e séquito,
Acompanhando-a à última morada.
Laertes: Não se pode fazer mais nada?
Primeiro Padre: Nada mais a fazer,
Profanaria o ofício dos mortos
Cantar um réquiem como fazemos pro descanso
Das almas que partiram em paz.
Laertes: Deponha-a sobre a terra;
Que de sua carne bela e imaculada
Brotem as violetas! Te digo, padre cretino,
Minha irmã será um anjo eleito entre os eleitos,
Quando tu uivares nas profundas do inferno.
Hamlet: O que; a pura Ofélia?!
Rainha: *(Espargindo flores.)* Flores às flores. Adeus!
Esperava que fosses a esposa do meu dileto Hamlet;
Pensava adornar o teu leito de noiva, doce criança,
Não florir tua sepultura.
Hamlet: Oh, tríplice desgraça
Caia dez vezes triplicada sobre a cabeça maldita
Cuja ação criminosa privou você
De tua inteligência luminosa! Parem um momento a terra
Para que eu a aperte uma última vez em meus braços.
(Salta na sepultura.)
Cubram agora de pó o vivo e a morta,
Até que essa planície se transforme em monte
Mais alto do que o Monte Pélion ou do que o pico
Do Olimpo azul, que fura o firmamento.
Hamlet: *(Avançando.)* Quem é esse cuja mágoa
Se adorna com tal violência; cujo grito de dor
Enfeitiça as estrelas errantes, detendo-as no céu,
Petrificadas como espantadas ouvintes? Esse sou eu,
Hamlet, da Dinamarca. *(Salta na sepultura.)*

Laertes: Que o demônio carregue a tua alma!
(Luta com ele.)
Hamlet: Mau modo de rezar. Eu te peço, tira teus dedos da minha garganta;
Pois embora eu não seja raivoso ou violento,
Tenho em mim alguma coisa perigosa
Que tua sabedoria fará bem em respeitar. Tira as tuas mãos!
Rei: Separem-nos!
Rainha: Hamlet! Hamlet!
Horácio: Meu bom senhor, se acalme.
(Os Cortesãos separam os dois, que saem da campa.)
Hamlet: Por esta causa eu lutarei com ele
Até que minhas pálpebras parem de pestanejar.
Rainha: Ó, filho meu, que causa?
Hamlet: Eu amava Ofélia. Quarenta mil irmãos
Não poderiam, somando seu amor,
Equipará-lo ao meu. *(A Laertes.)* Que farás
Tu por ela?
Rei: Ele está louco, Laertes.
Rainha: Pelo amor de Deus, deixem-no só.
Hamlet: Pelo sangue de Cristo, mostra-me o que pretendes fazer,
Vais chorar? Vais lutar? Jejuar? Fazer-te em
Pedaços? Beber um rio? Comer um crocodilo? Eu farei isso.
Vieste aqui choramingar? Ou me desafiar saltando em sua tumba?
Mande que te enterrem vivo junto dela e eu farei o mesmo.
E já que falas bravatas de montanhas, deixa que lancem
Milhões de acres sobre nós, até que nosso solo,
Esturricando o crânio lá na zona ardente,
Faça o Monte Ossa parecer verruga! Vai, vocifera;
Meu rugido será igual ao teu.
Rainha: Isso é loucura completa;
E o acesso vai dominá-lo assim por algum tempo;

Depois, manso como uma pomba
Quando vê nascer os filhos dourados,
O silêncio o envolverá, acabrunhado.
Hamlet: Ouve, cavalheiro:
Por que razão me trata desse modo?
Eu sempre o estimei. Mas não importa;
Mesmo que Hércules use toda sua energia,
O gato miará e o cão terá seu dia. *(Sai.)*
Rei: Eu te peço, bom Horácio, toma conta dele.
(Sai Horácio. Para Laertes.) Fortalece a tua paciência
Com nossa conversa de ontem à noite;
Vamos dar continuidade à nossa decisão.
Boa Gertrudes, manda vigiar o teu filho.
Esta tumba terá um monumento duradouro.
Em breve chegará a nossa hora de paz;
Se agirmos, até lá, com paciência audaz. *(Saem.)*

Cena II

Sala no castelo. (Entram Hamlet e Horácio.)
Hamlet: E quanto a isso, basta. Vejamos então o resto;
Recorda-te de todos os detalhes?
Horácio: Como não recordar, senhor?
Hamlet: Amigo, em meu coração havia uma espécie de luta
Que me impedia de dormir. Me sentia
Pior do que os amotinados presos nos porões. Fui impulsivo,
Mas louvada seja a impulsividade,
Pois a imprudência às vezes nos ajuda
Onde fracassam as nossas tramas muito planejadas.
Isso nos deveria ensinar que há uma divindade
Dando a forma final aos nossos mais toscos projetos...
Horácio: Nada mais certo.

Hamlet: Subindo de minha cabine,
Uma manta enrolada nos meus ombros, tateando
No escuro, encontrei o que queria;
Botei as mãos no pacote desejado
E voltei finalmente ao meu beliche. Nesse golpe de audácia,
Meu medo dominando meus escrúpulos, violei
O selo do despacho solene. E encontrei aí, Horácio –
Oh, a canalhice real! –, uma ordem precisa,
Alicerçada em muitas e variadas espécies de razões
Concernentes à segurança do rei da Dinamarca,
E também da Inglaterra, falando dos horrores
E fantasmas que surgiriam se eu continuasse vivo,
De modo que, à primeira leitura, e sem perda de tempo,
Não, nenhuma, nem mesmo a de afiar o machado,
Deviam me cortar a cabeça.
Horácio: Será possível?
Hamlet: Aqui está o despacho. Leia depois, com mais calma.
Queres ouvir como eu procedi?
Horácio: Eu lhe suplico.
Hamlet: Estando assim preso na rede de velhacarias –
E antes que eu pudesse enviar um prólogo ao meu cérebro,
Este já tinha iniciado o drama – eu me sentei,
Inventei uma mensagem, escrevi-a com letra burilada –
Como qualquer de nossos estadistas.
Eu, antigamente, considerava uma baixeza
Escrever com letra caprichada
E me esforcei o que pude
Para esquecer essa arte subalterna; mas nesse momento, amigo,
Ela me prestou um serviço inestimável. Queres saber agora
O teor da mensagem?
Horácio: Claro, meu bom senhor.
Hamlet: O rei da Dinamarca faz um apelo premente –
Já que o rei da Inglaterra é seu fiel tributário;
Já que o amor entre os dois deve florir como as palmas;

Já que a paz deve sempre trazer sua coroa dourada;
Servindo de união entre as duas amizades –
E muitos outros *já-ques* da maior importância –
Para que, visto e conhecido o conteúdo da carta,
Sem qualquer outra deliberação, grande ou pequena,
Seja dada morte aos portadores,
Não se lhes concedendo nem tempo para a confissão.
Horácio: E como selou o escrito?
Hamlet: Ah, até nisso o céu me foi propício.
Eu tinha na bolsa o sinete de meu pai;
Cópia fiel do selo da Dinamarca;
Dobrei a folha como estava a outra;
Assinei-a, timbrei-a; coloquei-a no lugar da verdadeira,
Como as fadas trocam uma criança. No dia seguinte,
Aconteceu a abordagem – tudo o que vem depois
Já é de teu conhecimento.
Horácio: Então Guildenstern e Rosencrantz se foram...
Hamlet: Ora, homem, os dois cortejaram tudo pelo cargo.
Não pensam na minha consciência; sua destruição
Procede do próprio intrometimento.
É perigoso para os inferiores
Se meterem entre o passo e a estocada
Das pontas furiosas de inimigos potentes.
Horácio: Céus, que rei é esse?!
Hamlet: Pois é; não achas que é meu dever agora –
Com esse que matou o meu rei e prostituiu minha mãe;
Que se interpôs entre a eleição ao trono e as minhas
esperanças;
Que lançou o anzol da infâmia pra pescar minha própria
vida –
Não é meu dever de consciência abatê-lo com suas próprias
armas?
E não seria criminoso deixar que essa pústula da natureza
Continuasse a disseminar sua virulência?
Horácio: Mas logo ele vai receber notícias da Inglaterra
Contando o que aconteceu por lá.

Hamlet: E não demora. Mas o intervalo é meu;
A vida de um homem é só o tempo de se contar "um".
Mas estou muito triste, Horácio,
Por ter me excedido com Laertes;
Pois na imagem da minha causa
Vejo o reflexo da dele. Vou cortejar sua amizade.
Porém, com franqueza, sua ostentação de dor
Me deixou numa fúria incontrolável.

Horácio: Atenção! Quem vem lá? *(Entra Osric.)*

Osric: Minhas boas-vindas a Vossa Senhoria por ter retornado à Dinamarca.

Hamlet: Lhe agradeço humildemente, senhor.
(À parte, a Horácio.)
Conhece esse pernilongo?

Horácio: *(À parte, a Hamlet.)* Não, meu senhor.

Hamlet: *(À parte, a Horácio.)* Então estás em estado de graça – conhecê-lo é um pecado. Ele tem muita terra, e fértil. E quando um animal é senhor de animais, acaba tendo a manjedoura na mesa do rei. É uma cacatua, mas, como eu disse, possui vastas áreas de bosta.

Osric: Doce senhor, se Vossa Graça pudesse dispor de algum vagar, eu lhe transmitiria uma coisa emanada de sua Majestade.

Hamlet: Eu a receberei, senhor, com toda disponência. E pode colocar o cobre-crânio onde é devido – na cabeça.

Osric: Agradeço a Vossa Senhoria: mas faz tanto calor.

Hamlet: Não, pode crer, faz muito frio; venta do Norte.

Osric: Só agora percebo, meu senhor, faz mesmo um friozinho.

Hamlet: Pro meu temperamento está até bem quente e abafado.

Osric: Excessivamente, meu Príncipe – está até sufocante – como se fosse... em nem sei dizer como. Mas, meu senhor, Sua Majestade conjurou-me a informá-lo de que fez uma grande aposta sobre a sua cabeça. Senhor, a coisa é a seguinte...

Hamlet: Eu lhe suplico, não se esqueça... *(Acena pra que ele ponha o chapéu.)*

Osric: Não, meu bom senhor, lhe asseguro que assim estou mais à vontade. Senhor, aqui na corte, recentemente chegado, está Laertes; creia-me, pode crer, um absoluto cavalheiro, cheio das mais excelentes distinções, de trato amabilíssimo e aparência nobre; na verdade falar de seus méritos é falar do atlas e do calendário da fidalguia, pois todos encontram nele o compêndio do comportamento que um cavalheiro deve seguir.

Hamlet: Senhor, o definimento dele não sofreu perdição na sua boca; embora eu saiba que dividi-lo inventarialmente tontearia a aritmética da memória, e seria apenas desviarmos da rota um barco tão veloz. Mas concordo na veracidade do seu panegírico, é uma alma muito bem dotada, com uma essência de tão peregrina raridade, que, pra dizer a verdade final, só encontra semelhante no seu próprio espelho; e só pode segui-lo a sua sombra – ninguém mais.

Osric: Vossa Senhoria fala dele com infalibilidade.

Hamlet: E o correlacionamento, senhor? Por que embrulhar o cavalheiro nesse mau hálito verbal?

Osric: Perdão?

Horácio: Ora, senhor, não entende a própria língua numa outra língua? Vamos, senhor, só um pequeno esforço.

Hamlet: Em que implica ter evocado tal donzel?

Osric: Laertes?

Horácio: *(À parte, a Hamlet.)* Sua bolsa de metáforas esvaziou. Já gastou todas as palavras de ouro.

Hamlet: Ele mesmo, senhor.

Osric: Sabemos bem que o senhor não é ignorante...

Hamlet: Ainda bem. Se fosse o contrário eu me sentiria envergonhado.

Osric: ...que o senhor não é ignorante da excelência de Laertes...

Hamlet: Não conheço bem sua excelência...

Osric: ...a excelência de Laertes, o renome de que goza, seu mérito incomparável no manejo da arma branca.
Hamlet: Qual é a arma dele?
Osric: Adaga e florete.
Hamlet: Já aí temos duas. Mas está bem.
Osric: O Rei, meu senhor, apostou com ele seis cavalos bérberes contra os quais Laertes exigiu, me disseram, seis floretes e seis punhais franceses, com todos os seus acessórios: cintos, alças, boldriés, enfim, tudo. Três desses boldriés são peças refinadas, combinando divinamente com os punhos; uma concepção luxuriosa.
Hamlet: O que é que Vossa Senhoria chama de boldriés?
Horácio: *(À parte, a Hamlet.)* Sabia que o senhor teria que recorrer às notas marginais antes dele terminar.
Osric: Boldriés, senhor, são os suportes.
Hamlet: A frase seria mais suportável se levássemos bandeiras a tiracolo. Mas, enquanto isso, vamos chamar de talabartes. Relembrando: seis cavalos bérberes contra seis espadas francesas, seus acessórios e três talabartes de concepção luxuriosa. Essa a aposta francesa contra a dinamarquesa. E com que fito se exigiu tudo isso, como dizes?
Osric: O Rei, senhor, apostou que, numa dúzia de passes entre o senhor e Laertes, este não levará vantagem de mais do que três toques. Laertes impôs como condição que os assaltos então sejam doze e não nove: e a disputa será imediata, assim que Vossa Senhoria nos consignar sua resposta.
Hamlet: Senhor, vou passear um pouco nesta sala. Se assim agradar a Sua Majestade, este é o momento de descanso do meu dia. Mandem trazer os floretes, caso o cavalheiro concordar e o Rei permanecer em seu propósito; eu vencerei por ele, se puder; se não puder, ganharei apenas a vergonha e as estocadas a mais.
Osric: Devo levar a resposta nesses termos?

Hamlet: Esse é o sentido, senhor; mas pode usar os floreios e meneios que lhe são naturais.

Osric: Aceite Vossa Senhoria os meus serviços.

Hamlet: Aceito. Aceito. *(Sai Osric.)*

Faz bem em oferecer ele próprio os seus serviços. Nenhuma outra língua o faria tão bem.

Horácio: Uma ave inexperiente – quer voar ainda na casca do ovo.

Hamlet: Já cumprimentava a teta antes de mamar. Como tantos outros da mesma ninhada, que nossos tempos frívolos estimulam, só conseguiu pegar o tom da moda e o lado superficial das relações; uma espécie de espuma que flutua sobre as opiniões mais sérias e amadurecidas; não resistem ao menor sopro de prova. Estouram. *(Entra um Fidalgo.)*

Fidalgo: Meu senhor, Sua Majestade mandou cumprimentá-lo através do jovem Osric, o qual, de volta, lhe comunicou que o senhor o espera nesta sala. Sua Majestade deseja saber se o senhor continua no propósito de se bater com Laertes ou se deseja esperar mais algum tempo.

Hamlet: Estou firme em meu propósito, que se ajusta à vontade do Rei. Se ele está preparado, eu estou pronto, agora ou a qualquer momento, desde que me sinta tão apto quanto agora.

Fidalgo: O Rei e a Rainha descem com toda a corte.

Hamlet: Em boa hora.

Fidalgo: A Rainha deseja que, antes de começar o assalto, o senhor dê um acolhimento amável a Laertes.

Hamlet: Eis aí um bom conselho. *(Sai Fidalgo.)*

Horácio: Vai perder essa aposta, meu senhor.

Hamlet: Não creio. Desde que ele foi pra França tenho me exercitado sem cessar; eu vencerei. Com as estocadas de vantagem. Você nem imagina a angústia que tenho aqui no coração. Mas não importa.

Horácio: Como não, meu bom senhor?

Hamlet: Não passa de tolice; só uma espécie de pressentimento, desses que perturbam as mulheres.

Horácio: Se há alguma apreensão em seu espírito, obedeça. Providenciarei pra que não venham, dizendo que o senhor não está preparado.

Hamlet: Em absoluto; desafio os augúrios. Existe uma previdência especial até na queda de um pássaro. Se é agora, não vai ser depois; se não for depois, será agora; se não for agora, será a qualquer hora. Estar preparado é tudo. Se ninguém é dono de nada do que deixa, que importa a hora de deixá-lo? Seja lá o que for! *(Entram o Rei, a Rainha, Laertes, Fidalgos, Osric e Servidores, com floretes e luvas de esgrima; uma mesa e frascos de vinho.)*

Rei: Vem, Hamlet, vem, e aperta a mão que a minha mão te estende.

(O Rei põe a mão de Laertes na de Hamlet.)

Hamlet: Dá-me teu perdão, senhor. Eu te ofendi.
Mas me perdoarás, como um cavalheiro.
Os presentes sabem,
E tu mesmo deves ter ouvido que fui atacado
Por cruel insânia. O que eu fiz,
Que tenha agredido tua natureza, teu temperamento,
Honra ou consciência – proclamo aqui que é a loucura.
Foi Hamlet quem ofendeu Laertes? Hamlet, jamais;
Se Hamlet foi posto fora de si.
E com Hamlet fora de si ofendeu a Laertes,
Não é Hamlet quem ofende, e Hamlet o nega.
Quem ofende, então? Sua loucura. E se é assim,
Hamlet está na parte ofendida.
A loucura também é sua inimiga.
Senhor, diante desta audiência,
Que minha negativa de qualquer má intenção
Tire do seu generosíssimo espírito
A ideia de que atirei minha flecha sobre a casa
E feri meu irmão.

Laertes: Estou satisfeito nos meus sentimentos,
Cujos impulsos, neste caso, me incitariam
A um ato de vingança. Mas no que toca minha honra
Me mantenho onde estava e não aceito reconciliação,
Até que conselheiros mais velhos, sábios na matéria,
Me deem julgamento do meu nome. No entanto,
Recebo como afeto o afeto que oferece,
E prometo respeitá-lo.
Hamlet: Aceito isso com ânimo sincero.
E jogarei lealmente a aposta fraternal.
Os floretes, senhores! Vamos lá!
Laertes: Vamos. Um aqui pra mim.
Hamlet: Serei o floreado do teu hábil florete, Laertes.
Como uma estrela numa noite negra
A tua perícia brilhará mais visível que nunca,
Refletida na minha incompetência.
Laertes: Tu zombas de mim.
Hamlet: Por esta mão, te juro.
Rei: Entrega os floretes, jovem Osric. Primo Hamlet,
Conheces a aposta?
Hamlet: Muito bem, senhor;
Vossa majestade protege a parte mais fraca.
Rei: Não temo por isso; já vi ambos lutando.
Mas ele progrediu; daí tua vantagem.
Laertes: *(Experimenta o florete.)*
Este é muito pesado; dá um outro.
Hamlet: *(Experimenta o florete.)*
Este me serve. São todos do mesmo comprimento?
Osric: Sim, bom senhor. *(Preparam-se.)*
Rei: Coloquem os jarros de vinho nesta mesa.
Se Hamlet der o primeiro ou o segundo toque
Ou devolver o toque no terceiro assalto,
Que os canhões disparem de todas as ameias.
O Rei beberá ao fôlego de Hamlet
Jogando na taça uma pérola única,

Mais preciosa do que as que quatro reis sucessivos
Usaram na coroa deste reino. Deem-me as taças;
Que o tambor fale às trombetas,
As trombetas aos canhoneiros,
Os canhões aos céus; o céu à terra:
"O Rei está brindando a Hamlet". *(Trompa.)*
Vamos, comecem:
E vós, juízes, olhos atentos.

Hamlet: Em guarda, senhor.

Laertes: Em guarda, meu senhor; *(Lutam.)*

Hamlet: Um!

Laertes: Não!

Hamlet: Julgamento!

Osric: Um toque. Um toque bem visível.

Laertes: Muito bem. De novo.

Rei: Um momento; deem-me bebida. Hamlet, esta pérola é tua.
(Envenena a taça.)
À tua saúde.
(Soam trombetas. Tiros de canhão fora de cena.)
Deem esta taça a Hamlet.

Hamlet: Mais um assalto, antes; deixe a taça aí.
Em guarda. *(Lutam.)*
Toquei outra vez; que diz agora?

Laertes: Tocou, tocou – eu reconheço.

Rei: Nosso filho vai ganhar.

Rainha: Está suando e sem fôlego.
Aqui, Hamlet, toma meu lenço, enxuga a testa.
A Rainha brinda à tua fortuna. Hamlet.
(Ela pega a taça envenenada.)

Hamlet: Gentil senhora!

Rei: Gertrudes, não beba!

Rainha: Vou beber, meu senhor; rogo que me perdoe. *(Bebe.)*

Rei: *(À parte.)* A taça envenenada; tarde demais.
(A Rainha oferece a taça a Hamlet.)

Hamlet: Não, ainda não, senhora; bebo daqui a pouco.
Rainha: Deixa eu enxugar teu rosto.
Laertes: *(À parte.)* Vou acertá-lo agora, meu senhor.
Rei: Não acredito.
Laertes: *(À parte.)* E contudo faço isso quase contra a minha consciência.
Hamlet: Em guarda pro terceiro assalto, Laertes. Tu estás brincando;
Eu te peço: ataca com a maior violência;
Receio que estejas querendo me fazer de bobo.
Laertes: Achas isso? Em guarda, então! *(Lutam.)*
Osric: Nada, de nenhum dos dois.
Laertes: Toma essa agora! *(Laertes fere Hamlet; então, na violência, as armas saltam e são trocadas. Hamlet fere Laertes.)*
Rei: Separem-nos. Estão furiosos.
Hamlet: Não, não. Continua! Ataca! *(A Rainha cai.)*
Osric: Socorram a Rainha – a Rainha!
Horácio: Os dois estão sangrando.
(A Hamlet.) Como está, meu senhor?
Osric: Como está, Laertes?
Laertes: Preso como um engodo em minha própria armadilha, Osric.
Morto, com justiça, por minha própria traição.
Hamlet: Como está a Rainha?
Rei: Desmaiou quando os viu ensanguentados.
Rainha: Não, não, a bebida, a bebida – Oh, querido Hamlet,
A bebida, a bebida! Fui envenenada!
Hamlet: Ó, infâmia! Hei – tranquem as portas.
Traição! Procurem o traidor. *(Laertes cai.)*
Laertes: Está aqui, Hamlet; Hamlet, você está morto;
Nenhum remédio no mundo poderá te salvar
Não sobra em ti meia hora de vida;
O instrumento traidor está em tua mão,

Sem proteção e envenenado. O torpe estratagema
Se voltou contra mim; olha, eis-me caído;
Pra não me erguer jamais. Tua mãe foi envenenada.
Não posso mais – o Rei, o Rei é o culpado.
Hamlet: A ponta! Envenenada também!
Então, veneno, termina tua obra! *(Fere o Rei.)*
Todos: Traição! Traição!
Rei: Ai! Defendam-me ainda, amigos! Estou apenas ferido!
Hamlet: Toma, Rei maldito, assassino –
Incestuoso dinamarquês, acaba esta poção!
Engole tua pérola.
Segue minha mãe. *(O Rei morre.)*
Laertes: Teve o que merecia;
O veneno que ele próprio preparou.
Troca o teu perdão com o meu, nobre Hamlet.
Que minha morte e a de meu pai não pesem em ti.
Nem a tua em mim! *(Morre.)*
Hamlet: O céu te absolva! Vai, eu te sigo.
Eu estou morto, Horácio. Pobre Rainha, adeus!
(A todos.) Todos vocês que estão pálidos e trêmulos
Diante deste drama; que são apenas comparsas
Ou espectadores mudos desta cena,
Se me sobrasse tempo – mas a morte,
Essa justiceira cruel, é inexorável nos seus prazos –
Oh, eu poderia lhes contar...
Mas que assim seja. Eu estou morto, Horácio;
Você vive. Explica a mim e a minha causa fielmente
Àqueles que duvidem.
Horácio: Não esperes por isso.
Não sou um dinamarquês, sou mais um romano antigo.
Ainda tem um pouco de bebida. *(Levanta a taça.)*
Hamlet: Se você é um homem;
Me dá essa taça. Larga-a, pelos céus, deixa comigo!
Ó Deus, Horácio, que nome execrado

Viverá depois de mim,
Se as coisas ficarem assim ignoradas!
Se jamais me tiveste em teu coração
Renuncia ainda um tempo à bem-aventurança,
E mantém teu sopro de vida neste mundo de dor
Pra contar minha istória.
(Marcha ao longe, disparos fora de cena.)
O que são esses barulhos guerreiros?
Osric: O jovem Fortinbrás chegou vitorioso da Polônia,
E mandou dar essa salva marcial
Aos embaixadores da Inglaterra.
Hamlet: Oh, eu morro, Horácio;
O poderoso veneno domina o meu espírito.
Não vou viver pra ouvir notícias da Inglaterra;
Mas profetizo que a eleição recairá em Fortinbrás.
Ele tem o meu voto agonizante;
Diz-lhe isso e fala de todas as ocorrências,
Maiores e menores, que me impulsionaram a...
O resto é silêncio. *(Morre.)*
Horácio: Assim estoura um nobre coração. – Boa noite, amado príncipe,
Revoadas de anjos cantando te acompanhem ao teu repouso! *(Marcha fora de cena.)*Por que se aproximam esses tambores? *(Entram Fortinbrás, o Embaixador da Inglaterra. Tambores, bandeiras e Servidores.)*
Fortinbrás: Onde é o espetáculo?
Horácio: O que é que esperavas ver?
Se é um quadro de horror e infelicidade,
Não procures mais.
Fortinbrás: Este monte de cadáveres é um grito de extermínio.
Ó morte orgulhosa!
Que festa se prepara em teu antro sinistro,
Para que tenhas derrubado tantos príncipes
Num só golpe sangrento?

Primeiro Embaixador: A cena é sombria:
Nossas mensagens da Inglaterra chegam tarde demais.
Os ouvidos que deviam nos ouvir estão insensíveis,
Não saberão que suas ordens foram executadas,
Não saberão que Rosencrantz e Guildenstern estão mortos.
De quem receberemos nossos agradecimentos?
Horácio: Não de sua boca,
Se ainda tivesse a capacidade viva do agradecimento.
Jamais deu ordem pra que fossem mortos.
Mas como chegaram aqui
Logo após esta luta sangrenta,
Um das guerras polonesas, e outro da Inglaterra,
Ordenem que estes corpos sejam colocados à vista do povo
Numa essa bem alta, e deixem que eu relate ao mundo,
Que ainda não o sabe, como essas coisas se passaram.
Me ouvirão falar de atos carnais, sanguinolentos
E contra a natureza; julgamentos fortuitos, assassinatos casuais,
Mortes instigadas por perfídias e maquinações,
E, como epílogo, maquinações confundidas,
Caindo na cabeça de seus inventores.
O meu relato trará a verdade inteira.
Fortinbrás: Nos apressamos em te ouvir.
Convocaremos os mais nobres para essa audiência.
Quanto a mim, é com pesar que abraço a minha fortuna.
Tenho neste reino alguns direitos jamais esquecidos
Que a ocasião propícia me obriga a reivindicar.
Horácio: Disso eu também terei motivo de falar.
Em nome de alguém, cuja voz poderosa,
Arrastará outras consigo; mas que tudo se faça bem depressa,
Enquanto os ânimos ainda estão perplexos,
E antes que novas desgraças aconteçam
Por enganos e intrigas.

Fortinbrás: Que quatro capitães
Carreguem Hamlet como soldado para um cadafalso.
É evidente que, se houvesse reinado,
Seria um grande rei.
Que a música marcial e os ritos guerreiros
Falem alto por ele,
Na sua partida.
Levai os corpos.
Esta cena final
Convém mais ao campo de batalha. Aqui vai mal.
Ide! Que os soldados disparem.
(Marcha fúnebre. Saem, levando os corpos; depois do que se ouvem salvas de artilharia.)

FIM

Agatha Christie
Agatha Christie
Testemunha de acusação
e outras histórias
Agatha Christie
POR QUE NÃO PEDIRAM A EVANS?
L&PM POCKET
Agatha Christie
Agatha Christie
ASSASSINATO NO EXPRESSO ORIENTE
L&PM POCKET
Agatha Christie
A NOITE DAS BRUXAS
L&PM POCKET

Impressão e acabamento
Imprensa da Fé